80 ACTIVIDADES EN LA NATURALEZA

Conoce el medioambiente
para proteger el planeta

ÍNDICE

Observar la fauna y cuidar de ella — 7

Observo las aves — 8

Tomo notas — 10

Las aves sedentarias — 12

Las aves migratorias — 18

Las aves de invierno — 22

Dibujo las aves — 24

Fabrico una casa para pájaros muy sencilla — 26

Coloco la casa para pájaros — 28

Fabrico un comedero — 30

Preparo bolas de grasa — 32

Fabrico un soporte para la bola de grasa — 33

Planto para los pájaros — 34

Trucos para ayudar a las aves nidificantes — 37

Doy de beber a las aves	38
Protejo a las aves del jardín	40
Ponte a prueba	**42**
Los gusanos de tierra y las lombrices	44
Las mariquitas	48
Las crisopas y las abejas solitarias	52
El erizo	56
La ardilla	60
Las hormigas	64
Los caracoles	68
Las mariposas	72
Las lagartijas	76
Ponte a prueba	**80**

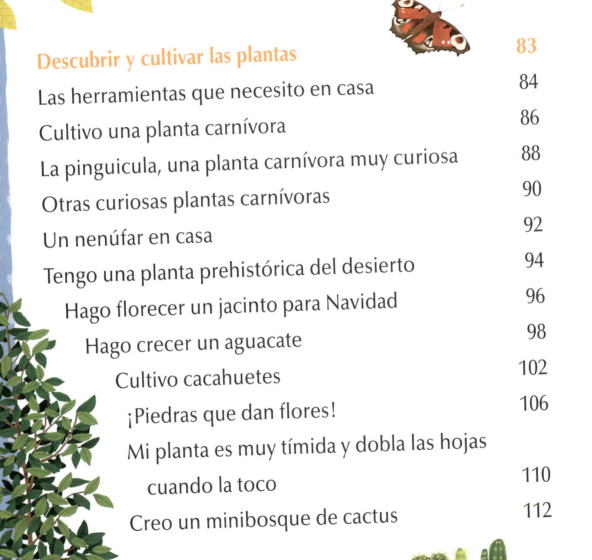

Descubrir y cultivar las plantas — 83

Las herramientas que necesito en casa	84
Cultivo una planta carnívora	86
La pinguicula, una planta carnívora muy curiosa	88
Otras curiosas plantas carnívoras	90
Un nenúfar en casa	92
Tengo una planta prehistórica del desierto	94
Hago florecer un jacinto para Navidad	96
Hago crecer un aguacate	98
Cultivo cacahuetes	102
¡Piedras que dan flores!	106
Mi planta es muy tímida y dobla las hojas cuando la toco	110
Creo un minibosque de cactus	112

Una planta bailarina	116
Los frutos de mi planta revientan y expulsan las semillas	118
Ponte a prueba	**120**
Las herramientas para el jardín	122
Fabrico mi propio bancal	126
¿Qué tierra uso para mi bancal?	130
Siembro	132
Planto flores o verduras en cepellones	136
Saco esquejes	140
Riego sin despilfarrar	144
Alimento a mis plantas	148
Preparo mi propio compost	152
Pero ¿quién ha venido a visitarme?	154
Adivina la repuesta	**158**

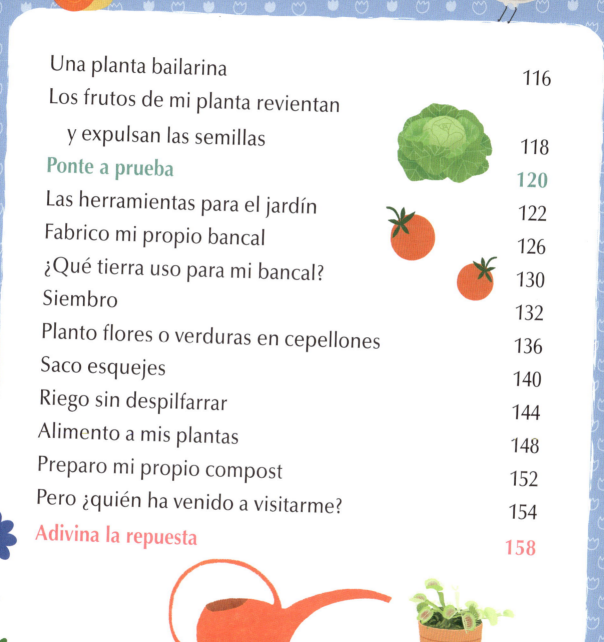

OBSERVAR LA FAUNA Y CUIDAR DE ELLA

OBSERVO LAS AVES

Para observar bien las aves, hay que tener muy buen ojo y paciencia. También debes aprender a actuar con discreción si quieres ver las más interesantes. ¡Suerte!

No llames la atención

Los pájaros son muy sensibles al movimiento. Por ello, lo más importante es mantener la tranquilidad. Lo mejor es sentarse en el suelo, en una silla o en un banco, y esperar un rato.

Silencio

Además, las aves prestan mucha atención a los sonidos. Vas a tener que evitar hacer ruido. Recuerda que no debes gritar para avisar de la presencia de un pájaro o lo espantarás.

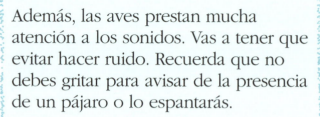

También puedes agazaparte junto a un matorral, arbusto o pared para camuflarte.
Si prefieres moverte, camina despacio y párate de vez en cuando para echar un vistazo a tu alrededor.
Si usas prismáticos, llévatelos a los ojos despacio, sin movimientos bruscos.

A menudo distinguirás a las aves por su reclamo o canto. Presta atención a esos sonidos.

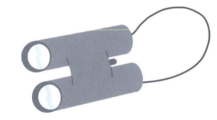

¿En qué fijarse?

Para empezar, trata de identificar las aves que avistes. Fíjate en su forma, sus colores y sus marcas. A continuación, presta atención a su comportamiento. No tardarás en darte cuenta de que es fascinante tratar de descubrir cómo viven las aves.

Mejor con prismáticos

Hay modelos baratos que puedes pedir que te regalen. Si no, pide permiso a tus padres o abuelos para que te dejen usar los suyos.
Te bastará con unos prismáticos de ocho aumentos.

No te olvides de colgarte los prismáticos del cuello para que no se te caigan.

Puedes observar los pájaros del jardín a simple vista, sobre todo si se acercan para ir al comedero. Sin embargo, con prismáticos se ven mejor los detalles.

TOMO NOTAS

Busca un cuaderno en el que puedas tomar notas cada vez que veas un pájaro cerca.

¿Qué apuntar cuando veas un ave?

- La fecha.
- La hora.
- El lugar.
- El tiempo que hace.
- La especie.
- El nombre del ave.
- El comportamiento.
- Observaciones.

Haz una lista

Puedes reservarte una ficha en la que hacer una lista de todas las aves que hayas observado en el jardín. Es divertidísimo ir añadiendo especies a medida que van pasando los meses.

Cómo indicar el tiempo

Sol — Nubes y claros

Nublado — Lluvia

Tormenta — Nieve — Viento

Para ir más deprisa

Los ornitólogos (que es como se llama a quienes observan las aves) usan códigos y abreviaturas para tomar notas más deprisa.

♂ : macho   ♀ : hembra

Ejemplos de abreviaturas de nombres:

Herre = herrerillo común
Carbo = carbonero común
Jil = jilguero europeo
Zor = zorzal común
Peti = petirrojo europeo
Coli t = colirrojo tizón
Mit = mito común

Pulsa el botón

Las cámaras digitales compactas son muy fáciles de usar y las hay muy baratas. Tanto si te regalan una como si tus padres te prestan la suya, podrás fotografiar las aves del jardín. Las que se acercan al comedero se dejan fotografiar fácilmente. Así podrás añadir imágenes a tu cuaderno.

Si no tienes cámara, puedes dibujar las aves que veas. ¡Mira las páginas 24 y 25!

LAS AVES SEDENTARIAS

En tu jardín, puedes observar determinadas especies de aves durante todo el año. Pero eso no quiere decir que siempre estén allí las mismas. Un herrerillo, por ejemplo, puede marcharse al cabo de unos meses y que lo sustituya otro, quizá venido de lejos.

** Este código indica un ave que acude a menudo a alimentarse (comederos, bolas de grasa, fruta...); (**) este otro muestra las que lo hacen en ocasiones.

^^ Este código designa a las aves que suelen habitar casitas para pájaros; (^^) este otro indica a las que lo hacen en ocasiones.

> Las aves sedentarias son las que viven siempre en el mismo sitio.

El carbonero común ** ^^

Es una de las estrellas del jardín. Luce bonitos colores, es muy activo y a menudo oirás su canto o su reclamo. No te aburrirás si observas su comportamiento en el comedero o en la casita para pájaros. Le encantan las semillas de girasol.

¿No lo conoces?

Si observas un ave que no se encuentra entre las que hay en este libro, consulta otro manual más completo o pregunta a un experto.

El herrerillo común ** ^^

Este precioso herrerillo amarillo y azul nunca para de moverse: está hecho todo un acróbata que no duda en colgarse boca abajo. A pesar de su pequeño tamaño, sabe hacerse valer en el comedero frente al carbonero común o al verderón.

El mito común (**)

Casi nunca verás al mito común a solas. Esta especie vive casi siempre en grupitos y se puede distinguir por su constante reclamo. Para verlos, tendrás que esperar a que vuelen de un árbol a otro.

El trepador azul ** ^^

Esta ave tan original es todo un espectáculo. Es capaz de bajar por un tronco boca abajo. No para de moverse y canta muy a menudo. No te lo puedes perder. Le encantan las avellanas.

LAS AVES SEDENTARIAS (continuación)

El verderón europeo **

Es muy probable que lo veas en el comedero, porque las semillas de girasol le vuelven loco. Observarás un comportamiento muy interesante, ya que los verderones están todo el rato peleándose entre sí o con los herrerillos.

El gorrión común ** ^^

Vive siempre cerca de los humanos y se alimenta de migas de pan y semillas, pero también, en primavera, de insectos. Como plumaje de apareamiento, el macho tiene las mejillas blancas y la pechera negra.

La tórtola turca **

A veces vuela verticalmente hasta muy alto antes de dejarse caer planeando. Es un vuelo de exhibición, con el que demuestra que se encuentra en su territorio.

El gorrión molinero ** ^^

Este primo del gorrión común se le parece mucho. Pero fíjate bien: tiene la coronilla marrón y las mejillas blancas con una clara mancha negra.

El acentor común

Si no tienes la costumbre de avistar aves, probablemente caigas en la trampa. El acentor se parece mucho al gorrión, pero, si te fijas bien en el pico, verás que es muy fino, mientras que el del gorrión es más grueso.

El mirlo común (**)

Es muy célebre por su agradable y dulce canto. Le encantan las lombrices… ¡y las cerezas! Las hembras son marrones y no tienen el pico tan amarillo como los machos.

LAS AVES SEDENTARIAS (continuación)

El zorzal común (**)

Su canto es una verdadera preciosidad. Lo reconocerás fácilmente porque repite varias veces cada nota en su particular concierto.

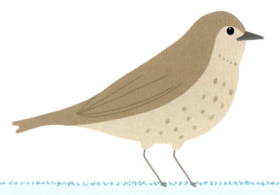

¡Pobres caracoles!

El zorzal común come un montón de caracoles. Pero, antes de degustarlos, tiene que romperles la concha. Y lo hace usando como «yunque», por ejemplo, las piedras que sobresalen de los caminos. Junto a esos yunques improvisados podrás encontrar numerosos fragmentos de conchas, que demuestran la presencia del zorzal en tu jardín.

El chochín común

Reconocerás sin dificultad a este diminuto pajarillo de color marrón rojizo porque tiene la cola hacia arriba, totalmente recta. A pesar de ser pequeño, canta a un volumen sorprendente.

Como un ratón...

El chochín se parece un poco a los ratones cuando se cuela entre las paredes, en busca de las arañas que puedan ocultarse entre las piedras.

El petirrojo europeo ** (^^)

Este pajarillo rollizo suele ser el favorito de los jardineros. Los acompaña cuando trabajan en el campo y así aprovecha para atrapar las lombrices que desentierran con la pala.

El jilguero europeo (**)

¡Qué preciosidad de ave multicolor! Le encanta posarse sobre las plantas, como los cardos, para coger las semillas con la ayuda de su largo pico puntiagudo. El macho y la hembra se parecen mucho.

El petirrojo hembra se parece mucho al macho. En invierno, canta igual que él para defender su territorio ante otros petirrojos.

El pinzón vulgar **

En primavera, el pinzón canta varias veces al día. Por eso tiene fama de ser un ave muy alegre. Se posa en los árboles o corretea por el suelo en busca de semillas. Las hembras son marrones y beis.

¡Soy muy alegre!

LAS AVES MIGRATORIAS

Salvo alguna excepción, las aves de esta página y de la siguiente generalmente están presentes de primavera a principios de otoño. Las verás en tu jardín en la temporada de las migraciones. Puede que incluso algunas de estas grandes viajeras se muden a tu jardín para reproducirse.

La letra I indica aquellas aves que quizá veas también en invierno si vives en una zona templada o si no está siendo un invierno muy frío.

Las migraciones

Algunas aves se marchan antes de que llegue el invierno. Migran a países más cálidos, a menudo a África. Allí pueden seguir alimentándose de insectos. Estas aves migratorias regresan a principios de primavera para anidar aquí. Es decir, hay una migración en primavera y otra en otoño.

La curruca capirotada I (**)

El macho tiene la parte superior de la cabeza de color negro, mientras que la de la hembra es marrón. Esta curruca no es precisamente colorida, pero canta muy bien. Come insectos y frutos.

¡Llevo un capirote!

El colirrojo tizón ♂ ^^

Al colirrojo tizón le encanta posarse en los tejados y las antenas, pero también en los postes y en los muebles de jardín. No para de agitar la cola, que es de color naranja. La hembra tira más al marrón.

El colirrojo real ^^

Es una de las aves más bonitas del jardín. Cuando vuelve de África en primavera, se posa en los árboles frutales o en los tejados para cantar y atraer a las hembras.

La abubilla

Es una preciosa ave que puede erguir las largas plumas de la cabeza. La abubilla corretea por el suelo (a menudo por el césped) en busca de insectos y lombrices, que atrapa con su largo pico.

LAS AVES MIGRATORIAS (continuación)

Golondrinas en peligro

Cada vez hay menos golondrinas por culpa de los insecticidas y de la falta de sitio en que construir sus nidos.

La golondrina común

Posee una larga cola con dos puntas y tiene la garganta oscura (solo se ve de color rojo si hay buena luz). Al macho le encanta trinar subido a los cables. Esta golondrina fabrica sus nidos de barro seco en el techo de los edificios.

El avión común

Lo reconocerás porque tiene la parte inferior blanca, de la garganta a la cola, y una gran mancha de color blanco en la parte baja de la espalda. Fabrica sus nidos de barro seco en los salientes de los tejados o en las esquinas de las ventanas.

¡Déjala pasar!

Si puedes, busca una forma de que la golondrina común pueda pasar a anidar en un garaje o en un cobertizo.

El mosquitero común

Este pájaro tan chiquitín de apenas unos gramos se pasa el día en los árboles, arbustos y matorrales. Tiene el pico fino y puntiagudo, como unas pinzas, lo que le permite capturar insectos y larvas de pequeño tamaño.

El papamoscas gris

¡Y bien merecido tiene su nombre! Se le da genial cazar insectos voladores. Los acecha desde lo alto y se abalanza sobre ellos con mucha destreza.

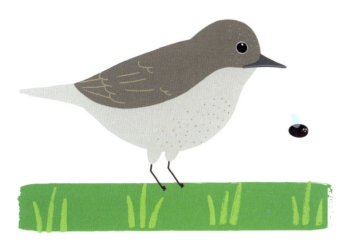

El contador de escudos

En la Antigüedad, al mosquitero común se le apodaba el «contador de escudos», porque su canto recuerda al ruido que hacen las monedas (antiguamente llamadas *escudos*) al caer unas encima de las otras: *clin, clin, clin*.

LAS AVES DE INVIERNO

Estas aves también son migratorias, pero, en vez de pasar la estación invernal en África, vienen a nuestro país procedentes de zonas mucho más frías, en las que nieva y hiela. Seguro que les encanta pasarse por tu jardín y el comedero que les has puesto.

El zorzal alirrojo (**)

Este precioso zorzal de colores procede de los países nórdicos e incluso Siberia (en el norte de Rusia). Lo reconocerás porque tiene las cejas claras y los laterales de color rojo anaranjado. Pasa mucho tiempo en el suelo, en el césped.

Le encantan las manzanas

Al igual que al mirlo, al zorzal le gustan las manzanas algo pasadas que se han caído al suelo. Puedes dejárselas a propósito.

El pinzón real **

En la naturaleza, el pinzón real busca en el suelo los frutos del haya, también llamados *hayucos*. Si está en un jardín, acude a los comederos o picotea las semillas que encuentra en el suelo. En primavera, la cabeza de los machos se vuelve de color negro.

El lúgano **

Los lúganos suelen vivir en bandadas pequeñas. Les encantan las semillas de abedul y de aliso. Si tienes alguno de estos árboles en el jardín, es probable que puedas avistar estas aves verdosas, tan ágiles como los herrerillos.

El ampelis europeo (**)

Su precioso penacho y los bonitos colores de las alas hacen del ampelis un auténtico tesoro con plumas. Vive en pequeñas bandadas que frecuentan de buena gana los jardines.

¡Semillas!

Al lúgano le encantan las semillitas (lino, cáñamo, negrillo...): puedes ponérselas en el comedero.

Un ave poco habitual

El ampelis es un ave poco habitual y muy extravagante. Uno puede pasarse años sin ver un ejemplar y, de repente, encontrárselo por todas partes. Estas «invasiones» se producen cuando hay escasez de alimentos en los países del norte en los que los ampelis suelen pasar el invierno. Son unas aves muy poco asustadizas. Cuando están entretenidas comiendo fruta, podemos observarlas de cerca, eso sí, sin molestarlas.

DIBUJO LAS AVES

No te costará nada dibujar las aves que veas en el jardín. No hay que ser un gran artista para guardar un recuerdo de los herrerillos o de los petirrojos que veas. Solo tienes que aprender unos sencillos trucos para obtener un buen resultado.

1 Empieza dibujando a lápiz un óvalo o un círculo, según la forma que tenga el pájaro. Por ejemplo, los petirrojos son más redondeados, mientras que los carboneros tienden a ovalados.

2 A continuación, traza un círculo para dibujar la cabeza. Los pájaros más pequeños no tienen cuello como tal, así que puedes pegar el círculo de la cabeza al del cuerpo.

3 Luego dibuja la cola. Ojo, es muy importante la posición.

¡No uses goma de borrar!

Los dibujantes de animales recomiendan no usar goma de borrar. Dicen que es mejor volver a empezar el dibujo desde cero para practicar e ir mejorando. El objetivo es, poco a poco, ir dibujando más deprisa.

4 Dibuja las patas y los dedos. Te habrás fijado en que, en los pájaros más pequeños, no siempre se ve la parte de la pata que está encima de la articulación.

5 Ahora solo queda dibujar el ojo y el ala.

6 Ya puedes colorearlo con rotuladores o lápices de colores.

No te desanimes

Si no te acaba de gustar el resultado, lo más importante es no desanimarse. Cuanto más dibujes, mejor te saldrá. La mayoría de las aves que veas en el jardín son pajarillos con una forma muy parecida, así que puedes usar el mismo modelo de base para dibujarlos.

¡Qué pájaro tan bonito!

FABRICO UNA CASA PARA PÁJAROS MUY SENCILLA

Las casas de pájaros son una especie de caja de madera en la que las aves cavícolas construyen su nido. Tendrás que fabricarla respetando ciertas normas indispensables para la comodidad y la seguridad de las aves que elijan disfrutar de tu obra.

Necesito*

- Una sierra y un martillo.
- Tablas de 2 cm de grosor y de 12 a 16 cm de ancho.
  En cuanto al largo:
  - la del suelo, 12 cm;
  - la tabla de atrás, 23 cm;
  - la de delante, 18 cm;
  - la del tejado, 22 cm;
  - las de los laterales, 23 cm en la parte más alta y 18 en la baja (para el techo inclinado).
- Clavos y hembrillas cerradas.

* Las medidas son indicativas. Adáptalas según las tablas que tengas, pero sin alejarte mucho.

1 Sierra las tablas siguiendo las líneas que hayas trazado con un metro. Pide ayuda a un adulto.

2 El fondo debe situarse entre las paredes, no por debajo de ellas, para evitar que se suelte.

Es mejor elegir madera no pulida, porque a las aves se les resbalan las patitas si está muy lisa.

Diámetro de la entrada

Carbonero común: 32 mm
Herrerillo común: 28 mm
Gorrión molinero: de 28 a 32 mm
Gorrión común: de 32 a 35 mm
Estornino: 45 mm

5 El tejado debe sobrepasar la casa por delante, para proteger el orificio de entrada de la lluvia y para impedir que los depredadores (como los gatos, por ejemplo) metan la pata en la casita. Para terminar, solo tienes que clavar a cada lado dos hembrillas cerradas.

3 Para hacer el orificio de entrada, empieza trazando un círculo del diámetro elegido.

Unos 18 cm

Clava una hembrilla cerrada a cada lado. Asegúralas muy bien, para que queden bien fijas.

4 Con un taladro manual, haz varios agujeros pegados entre sí. Luego solo tendrás que pulirlo con una lija.

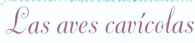

Las aves cavícolas

Algunas aves necesitan una cavidad en la que ocultar su nido. Las cavidades naturales son orificios en los árboles o en las rocas. Las cavidades artificiales incluyen agujeros en las paredes y casas para pájaros. Los carboneros y los herrerillos son las principales aves cavícolas del jardín.

COLOCO LA CASA PARA PÁJAROS

No sirve de nada construir una casita para pájaros si no la colocas como es debido. Una casa para pájaros mal instalada no recibirá nunca la visita de aves. Y eso sería una pena, la verdad.

Necesito
– Unos alicates.
– Un alambre.

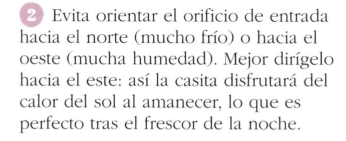

1 Elige un árbol de tronco liso que no tenga ramas bajas, para evitar que los gatos puedan trepar fácilmente hasta la casita.

2 Evita orientar el orificio de entrada hacia el norte (mucho frío) o hacia el oeste (mucha humedad). Mejor dirígelo hacia el este: así la casita disfrutará del calor del sol al amanecer, lo que es perfecto tras el frescor de la noche.

> Pídeles a tus padres que te indiquen los puntos cardinales si no sabes usar tú la brújula.

Sus casas son importantes

Recuerda que instalar una casita para pájaros es una gran responsabilidad. Si la casa se derrumba durante el anidamiento, puede ser catastrófico. Por eso hay que tener la seguridad de que va a aguantar. También es importante no intentar abrir la casita, ya que podría provocar que los adultos abandonasen la nidada.

3 Corta dos trozos de alambre cuyo largo se ajuste al diámetro del tronco en el que vas a poner la casa para pájaros. Fija con firmeza cada trozo de alambre a una de las hembrillas situadas a los lados de la casa. Luego retuerce juntos los dos alambres por detrás del tronco.

4 Debes situar la casita para pájaros a una altura de entre dos y tres metros (más alto que eso, la instalación se vuelve una tarea digna de acróbatas).

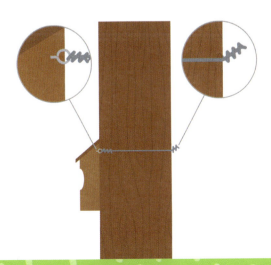

Para instalar una casa para pájaros, es mejor hacerlo entre dos personas. Pide ayuda a un adulto.

FABRICO UN COMEDERO

Los comederos con semillas de girasol son muy prácticos, ya que con ellos puedes alimentar a las aves aunque estés fuera de casa unos días. Sigue cuidadosamente las instrucciones para que el resultado sea el adecuado.

Necesito

- Dos botellas de agua de plástico de 1,5 litros.
- Un trozo de alambre de 25 cm de largo.
- Cinta adhesiva ancha.
- Un cúter o tijeras de bricolaje.
- Alicates.

¡Y semillas de girasol!

Ten mucho cuidado para no cortarte al usar el cúter o las tijeras. Pide ayuda a un adulto para que corte las botellas.

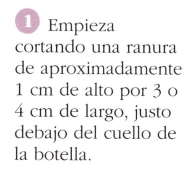

1 Empieza cortando una ranura de aproximadamente 1 cm de alto por 3 o 4 cm de largo, justo debajo del cuello de la botella.

2 Con las tijeras o un cúter, corta la segunda botella como se indica en el dibujo.

No te olvides de la lengüeta.

3 Pega con cinta adhesiva el trozo recortado de la segunda botella, ligeramente por encima de la ranura que has recortado en la primera botella. Así no entrará la lluvia.

4 Dale forma de arco al alambre y tuércele hacia arriba los extremos para evitar que se resbale después de colocarlo.

5 Coloca el arco de alambre con los extremos uno a cada lado de la botella boca abajo. Rodea los extremos con cinta adhesiva ancha (dándole al menos dos vueltas).

6 Introduce un embudo por la boca de la botella. Inclínala un poco para evitar que las semillas de girasol se salgan por la abertura (apunta con ella hacia arriba). Luego, introduce con cuidado las semillas.

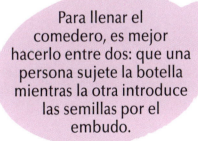

Para llenar el comedero, es mejor hacerlo entre dos: que una persona sujete la botella mientras la otra introduce las semillas por el embudo.

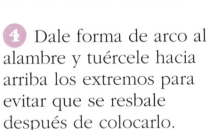

Las semillas de girasol son las preferidas de las aves granívoras; es decir, las que comen granos y semillas.

7 Cierra la botella con el tapón y dale la vuelta. Ahora solo tienes que colgarla de una rama a unos dos metros de altura.

PREPARO BOLAS DE GRASA

Puedes comprar bolas de grasa en una tienda, pero es más divertido fabricarlas. Vas a ver que no es nada difícil, aunque tendrá que ayudarte un adulto cuando utilices una fuente de calor.

Necesito
- Un vasito de yogur de plástico o de cartón.
- Un palo de 3 o 4 cm de largo.
- Un cordel.
- Alambre.
- Manteca de cerdo.
- Semillas y cereales.

1 Ata el palo al extremo de un cordel de aproximadamente 20 cm de largo.

2 Derrite la manteca de cerdo en una cacerola a fuego bajo.

3 Cuando la manteca esté líquida, añade las semillas y los cereales (girasol, maíz machacado, trocitos de arroz...) y mezcla bien.

4 Cuando esté listo, coloca el palo en el fondo del vasito de yogur y deja el cordel por fuera. Llena el vasito con la mezcla.

> Mejor verter la mezcla en el vasito de yogur entre dos.

5 Espera el tiempo que sea necesario para que se endurezca la mezcla. Sácala rompiendo el vasito o recortándolo. Ata el cordel a un trozo de alambre para colgar la bola de un árbol.

FABRICO UN SOPORTE PARA LA BOLA DE GRASA

Los herrerillos y los carboneros se las saben arreglar muy bien para sujetarse a las bolas de grasa: son unos auténticos acróbatas. Pero si quieres que otras aves menos habilidosas también puedan probar las bolas, vas a tener que hacerles un apaño.

Necesito
- Unas tijeras de podar.
- Unas ramitas flexibles.
- Alambre de jardinería (recubierto de plástico).
- Un cordel.

1 Corta cuatro ramitas flexibles de unos 20 cm de largo. Puedes usar ramitas de mimbre, sauce o avellano.

2 Rodea la bola de grasa con las cuatro ramitas y átalas por encima y por debajo de la bola usando alambre de jardinería.

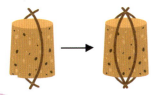

3 Ahora solo tienes que atar un cordel al soporte para colgarlo de un árbol.

¡Que aproveche!

A medida que los pájaros vayan comiéndose la bola, las ramitas irán juntándose.

Cuidado con los dedos cuando uses las tijeras de podar.

PLANTO PARA LOS PÁJAROS

Para que un jardín sea acogedor para las aves, tiene que contar con determinadas especies vegetales que les permitan resguardarse, alimentarse y anidar. Aquí te presentamos una selección de plantas que podrás instalar en el jardín con la ayuda de tus padres.

Planto un arbusto

Haz un hoyo un poco más grande que el terrón del arbusto que vas a plantar. Si es posible, echa un poco de mantillo en el fondo del hoyo. Coloca el arbusto y vuelve a tapar el hoyo dejando una especie de hondonada que retenga mejor el agua. Riega bien.

Plantas en las que resguardarse

Hiedra

Colócala contra una pared en buen estado y vigílala de vez en cuando, ya que tiene tendencia a invadir el terreno en el que está plantada. También puedes hacerla crecer sobre un árbol muerto. A los pajarillos les encanta dormir entre la densa hiedra, en la que se sienten seguros. La hiedra es un buen refugio en invierno, porque no se le caen las hojas.

Aligustre
Los setos de aligustre sirven de refugio para las aves, sobre todo si son bien tupidos.

Plantas que comer

Saúco negro
A finales de verano, las currucas, los mirlos y los zorzales se pasan horas recolectando los pequeños frutos negros de esta planta, que son puro zumo dulce.

Tuya
A las aves les encanta esconderse en las tuyas frondosas, sobre todo si no están podadas formando setos geométricos.

Espino de fuego o picaranta
A los zorzales y a los mirlos les encantan los pequeños frutos naranjas o rojos de este arbusto, que se suele usar para plantar setos decorativos.

Algunas plantas pueden usarse con varios fines. Elígelas según tus prioridades.

Hiedra

¡Otra vez la hiedra! Sus pequeños frutos de color negro azulado maduran en invierno: un alimento que viene en el mejor momento para que las aves hagan frente al frío.

Morera blanca

Los mirlos, los zorzales, los estorninos y las currucas se vuelven locos por los frutos blancos o rosas de este árbol, que prefiere los climas cálidos.

Las «malas» hierbas

Algunas plantas salen solas y les vienen muy bien a las aves: las «malas» hierbas que tanto odian los jardineros les son muy útiles. Por ejemplo, a los jilgueros les encantan las semillas de diente de león.

Plantas en las que anidar

Endrino

Las largas espinas punzantes del endrino son una excelente barrera de protección para las aves que anidan en este pequeño árbol.

Hiedra

Las aves suelen escogerla a principios de primavera, cuando muchos árboles aún no tienen hojas.

TRUCOS PARA AYUDAR A LAS AVES NIDIFICANTES

Puedes ayudar fácilmente a las aves a construir el nido poniendo a su disposición diversos materiales muy útiles para ellas, pero que no siempre encuentran, sobre todo en los jardines más «limpios».

El carbonero necesita miles de plumas para construir su nido redondo.

Las reparto por el jardín

Solo tienes que repartir las plumas (entre marzo y mayo o junio) por el jardín, sobre los arbustos, en los setos o en el suelo. Las aves acudirán a recogerlas.

Recojo plumas

Si tienes en casa una almohada de plumas, quítale la funda y obsérvala bien: lo más normal es que veas varias plumas saliéndose del tejido. Cógelas y guárdatelas.

¿Nidificante?

Las aves nidificantes se reproducen en un lugar concreto.

Puedes hacer lo mismo con los edredones.

DOY DE BEBER A LAS AVES

Ya sabes cómo dar de comer a las aves. Pero, al igual que tú, las aves necesitan beber, tanto como comer. Puedes ayudarlas poniendo agua a su disposición. También aprovecharán para darse un chapuzón.

Un simple plato de arcilla, como los que se ponen debajo de las macetas, puede servir perfectamente como bebedero.

Puedes introducir dos o tres piedras grandes en el recipiente para reducir el riesgo de que se ahoguen.

La arcilla es una buena solución para que las aves no se resbalen al pisarla.

Si prefieres instalar una especie de bañera para las aves, tendrás que escoger un recipiente algo más grande. Por ejemplo, una vieja fuente de horno de arcilla es una opción perfecta.

Cuidado con los gatos

Es importante no dejar el bebedero o baño en un lugar que pueda ser peligroso; por ejemplo, al alcance de los gatos, que pueden suponer un peligro.

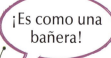

¡Es como una bañera!

El mejor sitio para colocar el bebedero o baño es un lugar elevado, sobre una pared, columna o poste. Y será aún mejor si está cerca de un arbusto o árbol, ya que a los pájaros les encanta subirse a las ramas para secarse y limpiarse el plumaje después del baño.

Hasta en invierno

Las aves tienen sed cuando hace calor, pero también necesitan beber en invierno. Por eso deberías rellenar los bebederos también cuando hace frío. Lo malo es que, si el agua se congela y se transforma en hielo, los pájaros no podrán beberla y calmar la sed. Si esto ocurre, retira el hielo y vuelve a ponerle agua de vez en cuando. Pero no eches ningún producto al agua que impida que se congele.

Algunas beben más que otras

Las aves que comen insectos tienen menos necesidad de beber que las que consumen semillas. La explicación es sencilla: sus presas, como las orugas, ya contienen agua.

PROTEJO A LAS AVES DEL JARDÍN

Alimentas a las aves del jardín, les das de comer y las ayudas a anidar. Todo eso está muy bien, pero no es suficiente. También tienes que protegerlas eliminando en la medida de lo posible los peligros que pueda haber en el jardín.

Cuidado con las redes de los árboles

Vigila las redes que se ponen en los árboles o las plantas para protegerlos. Es posible que los pájaros se enreden en ellas o que se cuelen por los huecos y se queden atrapados. Levanta bien la red para liberarlos.

¡Ojo con los recipientes profundos!

Si los llenas de agua, es posible que las aves se ahoguen. Tápalos con una red o, mejor aún, con tablas.

No dejes cordeles sueltos

Ten mucho cuidado de no dejar cordeles sueltos o tiras de plástico (como las de las bolsas de la basura) en el suelo: se les pueden enredar en las patas a las aves. Los cabos sueltos pueden quedar enganchados a las ramas, lo que las dejaría atrapadas.

A los pájaros no les gustan los gatos

Si tienes gato, vigílalo y no le dejes cazar aves. Puedes ponerle un cascabel en el collar para avisar a los pájaros de su presencia. Y si no tienes gato, pero el de tus vecinos suele pasarse por tu jardín, asústalo dando palmadas mientras corres hacia él.

No toques los nidos

Si ves un nido, es importante que evites acercarte. Algunas aves abandonan sus huevos o a sus polluelos si se dan cuenta de que los han descubierto.

Las tuberías son un peligro

Los tubos y las tuberías son muy peligrosos. A veces entran pájaros en busca de comida o un sitio en el que anidar, y no consiguen salir. Ponles una tapa de rejilla o cúbrelos con algo para impedirles el paso.

No uses pesticidas en el jardín

Los pesticidas químicos son malos para las aves. Pide a tus padres que escojan productos menos peligrosos.

PONTE A PRUEBA

¿A qué aves les encanta comer semillas de girasol?

1. Al verderón.
2. Al troglodita.
3. Al colirrojo tizón.
4. Al carbonero común.

Respuesta: 1 y 4. Al verderón y al carbonero común les encantan las semillas de girasol.

¿QUÉ SÍMBOLO REPRESENTA A LAS HEMBRAS?

1. ♂
2. ♀
3. F
4. Ø

Respuesta: 2. El símbolo ♀ está reservado a las hembras, mientras que el ♂ es el de los machos.

¿Qué eran las «vasijas para gorriones» que se usaban en el pasado?

1. Servían para proteger las cerezas para que no se las comieran los gorriones.
2. Se usaban para que anidasen en ellas los pájaros (y luego comérselos).
3. Eran vasijas decoradas con dibujos de gorriones.

Respuesta: 2. Eran vasijas de arcilla con una abertura que se colocaban junto a las casas. Allí anidaban los gorriones y, tras la primera nidada, se recogía a los polluelos para comérselos.

Las aves sedentarias...

1. No pasan el invierno donde han anidado.
2. Instalan sus nidos en nuestro país.
3. Pasan el invierno y el verano en el mismo sitio.
4. Solo pasan en nuestro país el invierno.

Respuesta: 3. Las aves sedentarias viven en la misma zona durante todo el año.

¿QUÉ ES UN «CARBO»?

Respuesta: Es la abreviatura del carbonero común.

Las aves cavícolas...

1. Comen caracoles.
2. Ponen huevos negros.
3. Anidan en cavidades.
4. Tienen las plumas rizadas.

Respuesta: 3. Las aves cavícolas anidan en las cavidades de los árboles, de muros de rocas o de paredes.

¿Cómo se llama a quien observa las aves y las estudia?

1. Mastozoólogo.
2. Ictiólogo.
3. Ornitólogo.
4. Entomólogo.

Respuesta: 3. El mastozoólogo se interesa por los mamíferos, el ictiólogo por los peces, y el entomólogo por los insectos.

¿Un carbonero común puede ocupar un nido que tenga un orificio de entrada de menos de 3 cm de diámetro?

Respuesta: No, necesita al menos una entrada de 3,2 cm de diámetro. Sin embargo, al herrerillo común le basta con 2,8 cm.

LOS GUSANOS DE TIERRA Y LAS LOMBRICES

Las lombrices se encuentran entre los animales más numerosos del planeta y también entre los más útiles. En un metro cuadrado de tierra fértil del jardín, puedes encontrar hasta 250. Conoce a estos animales viscosos y sin patas: son totalmente inofensivos.

Excava y excava

Las lombrices comen trocitos de hoja, ramitas y otros restos vegetales que encuentran mientras cavan galerías bajo tierra. Si esos restos se hallan en la superficie, los recogen, se los llevan bajo tierra y los digieren. Por eso encontramos lombrices en el compost del jardín.

Rosas, rojos, marrones...

Hay numerosas especies de lombrices, de color rosa, marrón o rojo intenso. Viven en distintas capas del suelo y no se juntan entre sí. Cada una tiene su papel en la capa del suelo que ocupa. De esta manera, nunca se producen riñas entre vecinos.

¿Compost?
Es el nombre que reciben las ramas, las hojas y las cáscaras en descomposición.

El rastro de las lombrices
Cuando han digerido todos los restos vegetales, los expulsan en forma de cilindros de tierra que parecen pequeñas caquitas. Fíjate en el césped: si los ves entre las briznas de hierba, es que el césped goza de muy buena salud.

Siempre al fresco

Como respiran por la piel, las lombrices siempre tienen que estar húmedas. Así que no las dejes en el porche ni en la entrada cuando hayas acabado de observarlas. Devuélvelas a la tierra o al compost.

¿La cabeza o la cola?

¿Cómo puedes reconocer la cabeza y la cola de una lombriz? Ni observándola con lupa es fácil. La mejor forma es fijándose en la parte más hinchada de su cuerpo: ahí es donde está la boca. En el otro extremo, el ano de la lombriz expulsa la tierra digerida.

Los enemigos de las lombrices

Las lombrices son un manjar para muchos otros animales, como los erizos, los sapos y los topos. Los pájaros también están al acecho en cuanto acaba de llover en busca de la primera lombriz que vean. Pero, por desgracia, su peor enemigo es el ser humano, que las ataca con insecticidas y herbicidas.

No a los insecticidas

¿Qué como yo si matas a los insectos?

¡Ñam!

¡Bu!

LOS RESTAURANTES DE LAS LOMBRICES

Para tener el jardín repleto de lombrices, invítalas a un buen restaurante que sirva comida a su gusto. Ofréceles alimento que engullan y transformen en tierra fértil para las plantas.

1 Recoge hojas secas, ramitas, tallos marchitos y flores secas. Cuando tus padres corten el césped, pídeles un par de paladas de hierba cortada. También guarda las peladuras de las verduras durante una semana en un cubo, junto con las cajas de los huevos.

2 En un rincón del jardín, delimita un cuadrado de 50 cm de lado y bordéalo con piedras grandes. Vas a verter el montón de compost en ese cuadrado, con una altura de unos 20 cm.

3 Empieza vertiendo las hojas secas y los trocitos de ramitas muertas. Luego añade las peladuras de verduras y los restos de césped.

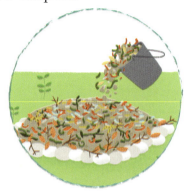

4 Por encima, echa las cajas de huevos cortadas en trocitos, junto con las flores secas. Riega en forma de lluvia y espera unos días.

5 Para activar el compost, remuévelo con una pala o con una horca.

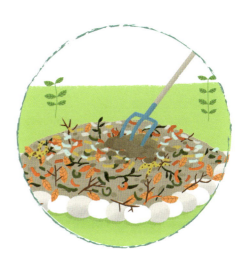

¿Y luego?

Al cabo de quince días, levanta parte del compost y verás cómo trabajan las lombrices. Déjalas y riega cuando no llueva mucho. Acabarán transformándolo todo en mantillo, que es bueno para las plantas.

¿Cuándo las verás salir?

Espera a que llueva. Cuando acabe de llover, verás un montón en el suelo, porque les encanta la humedad. A veces también salen para no ahogarse cuando ha estado mucho tiempo lloviendo. Fíjate en ellas: tienen el cuerpo formado por anillas que contraen para desplazarse.

LAS MARIQUITAS

Gustan a todo el mundo gracias a su caparazón rojo con puntitos negros. Son los más bonitos de entre todos los coleópteros del jardín. Las abuelas dicen que traen buena suerte, pero también nos encantan porque ayudan a los jardineros comiéndose los pulgones.

¿De tierra o con alas?

Las mariquitas europeas que encontramos en nuestros jardines cuentan con alas, con las que pueden volar de planta en planta en busca de alimento. Pero las asiáticas no tienen alas, por lo que se desplazan andando. En la actualidad, está prohibida su venta en algunos países, porque espantan a las mariquitas europeas.

¿Cómo nacen las mariquitas?

Cada mariquita hembra adulta pone entre cuatrocientos y mil huevos, que adhiere al reverso de las hojas en el mes de mayo. Los huevos son de color amarillo chillón y muy brillantes, y pasan a ser de color negro cuando las larvas están a punto de salir. En algunas tiendas se venden huevos y larvas, para arrojar a las plantas con pulgones.

¿Auxiliar?

Los insectos auxiliares como la mariquita ayudan a los jardineros a combatir los parásitos de las plantas.

¡Qué peste!
Para huir de sus enemigos, la mariquita produce una sustancia amarga que huele fatal y sabe aún peor.

Dos plantas iguales
El hinojo y la menta gatuna atraen todo el rato a las mariquitas. Si tienes una planta de hinojo en el jardín, examínale los tallos y las hojas y verás sus ninfas. Además, las mariquitas se refugian en la menta gatuna en invierno, porque el follaje seco y frondoso las protege del frío.
¡No las molestes!

Toda una vida
Las mariquitas viven alrededor de tres años.

CRÍO **MARIQUITAS**

Ayuda a las plantas a deshacerse de los pulgones creando un criadero de mariquitas. Así verás día a día cómo se van transformando estos preciosos coleópteros.

¿Coleópteros?

Son insectos que tienen dos alas rígidas llamadas *élitros*, que forman el caparazón, y dos alas flexibles ocultas debajo. Cuando las mariquitas echan a volar, abren los élitros para desplegar las alas principales.

1 En junio, compra larvas de mariquita en un vivero o por internet. Se venden en cajitas sobre palomitas o cereales que les sirven de alimento.

2 Fíjate en las larvas: son alargadas, de color negro o gris oscuro, con minúsculos puntos amarillos y tres pares de patas. No se parecen en nada a las mariquitas adultas.

¿Pulgones?

Son pequeños insectos verdes o negros que viven en colonias y que se pegan a los tallos y las hojas para chupar de ellos la savia. Si en una planta hay demasiados pulgones, pueden hacer que se marchite.

3 Busca una planta del jardín que tenga pulgones. Coloca las larvas encima o justo al lado, con mucho cuidado, ayudándote de un pincel y una cuchara. Si se encuentran sobre palomitas, coloca dos o tres entre dos tallos.

4 Mira cómo las larvas se comen a los pulgones. Pueden engullir hasta 150 al día. Al cabo de diez días se transforman en ninfas, que se quedan fijas a una misma planta durante cinco o seis días. Cuando la ninfa eclosiona, la mariquita es de color amarillo, pero al cabo de dos horas se pone roja y echa a volar.

¿Y luego?

Las mariquitas adultas también se alimentan de pulgón. Pueden comer entre 50 y 150 al día. Cuando no les queda comida, van a otra planta o al jardín de los vecinos.

LAS CRISOPAS Y LAS ABEJAS SOLITARIAS

Son insectos útiles para el jardín. Las crisopas no podrían ser más bonitas, gracias a sus alas transparentes, su cuerpo de color verde claro y sus grandes ojos dorados. Por su parte, las abejas solitarias son ingeniosas y astutas, y siempre encuentran donde instalar su nido.

Una casa para los insectos

En tu jardín viven muchos insectos útiles. Puedes crear una casa en la que vivan. Tiene que contar con varios pisos, con compartimentos de distintos tamaños y llenos de materiales variados: piedrecillas, hojas y ramitas secas, pedacitos de madera perforados y ladrillo agujereado.

Dibújala en un papel y luego busca con tus padres los materiales con los que fabricarla. A continuación, decórala con flores o pintura en el techo y en las paredes e instálala en el jardín.

¿Destructivos?

Llamamos *destructivos* a los insectos enemigos de las plantas, que absorben la savia o que se comen las hojas, las flores, las yemas, las raíces...

¡No los soportan!

Los insecticidas matan a las crisopas y a las abejas. Para protegerlas, pide a tus padres que dejen de usar tratamientos contra insectos, tanto químicos como ecológicos.

¿Cómo hace el nido la abeja?

La abeja solitaria es a la vez arquitecta y obrera. Cava un agujero en el suelo o se aprovecha de los que encuentra en el jardín; por ejemplo, en los muros. Luego, construye el nido con barro y piedrecillas. A continuación, corta trocitos de hojas y pétalos de flores para tapizar el nido y hacerlo cómodo. Tras la puesta de huevos, tapona la entrada con barro.

¿Para qué sirven en el jardín?

Las larvas de las crisopas comen pulgones, cochinillas y arañas rojas. Con ellas en el jardín, desaparecerán rápidamente los atacantes, que dejarán en paz las plantas.
Las abejas solitarias se alimentan de néctar, que extraen de las flores del jardín y del huerto. Las osmias, que son una especie de abeja solitaria, abandonan muy pronto el nido, sobre mediados de marzo, para libar las flores de los árboles frutales. Transportando el polen de flor en flor, garantizan la polinización, lo que permite el buen desarrollo de las frutas.

Larva de crisopa

CONSTRUYO REFUGIOS

Para que los insectos útiles puedan hibernar en el jardín y buscar lugares en los que esconderse y escapar de sus enemigos, construye refugios y distribúyelos por todo el jardín.

1 A finales de invierno o en otoño, después de podar los arbustos, recoge las ramitas secas de forsitia, saúco, junco o bambú. Son ramitas huecas, en las que se pueden resguardar muchos insectos.

2 Reúne varias ramitas de la misma longitud y átalas por los dos extremos con cordones resistentes para formar un haz. Si tienes suficientes ramitas, forma varios haces.

¿Hibernar?

Algunos animales se pasan todo el invierno durmiendo, así consiguen que les afecte menos el frío, ya que les baja la temperatura del cuerpo y respiran más despacio para gastar menos energía.

❸ Coge una maceta de barro y llénala de más ramitas: colócalas de pie, de modo que se salgan un poco de la maceta. Asegúrate de que estén bien apretadas, para que se aguanten entre sí y no se caigan.

❹ Coloca los haces en distintos emplazamientos del huerto, colgados de una estaca, una rama, una alambrada o una verja. Deja la maceta en el suelo, bien sujeta entre un montón de piedras o en un rincón del jardín.

¿Y luego?

Según la temporada, acudirán las crisopas y las abejas solitarias a instalar su nido, poner los huevos o hibernar. Puedes observarlas, pero no toques ni muevas nada para no molestarlas.

EL ERIZO

Cuando se le toca, se hace una bola y, si se le molesta, echa a correr a toda velocidad. Esta monada de mamífero lleno de pinchos está más activo por la noche, aunque también puedes verlo por las tardes en el jardín.

Invítalo al jardín

Para atraer a un erizo, coloca trozos de manzana junto a la verja. Pero primero comprueba que pueda entrar en el jardín por un huequecito entre los arbustos, un agujero de la valla o por debajo de la reja.

Su menú preferido

Los erizos son omnívoros, por lo que también les gustan las babosas, los caracoles (que se comen con caparazón incluido), las lombrices, las ranas, las larvas de insectos, los escarabajos y las arañas. También les encantan la fruta y los frutos silvestres; en otoño, comen setas y bellotas. Además, para ellos es todo un festín cuando se encuentran con un huevo caído de un nido. Déjalos que beban del mismo cuenco de agua que los pájaros y, muy importante, no les des de beber leche: se ponen muy malitos.

Kilómetros andando

Cuando tienen mucha hambre, los erizos pueden recorrer varios kilómetros en una sola noche, yendo de jardín en jardín, en busca de todo lo que se puedan zampar, desplazándose en zigzag. También les encanta beber en las pequeñas charcas y estanques que tengan orillas con poca pendiente; allí también pueden comerse una rana de postre.

¿Los erizos nacen con pinchos?

Obviamente no. Cuando salen del vientre de su madre, son muy suaves. Los pinchos les salen pasados quince días y tardan muy poco en endurecerse. De adultos, cuentan con entre 5000 y 7000, que los protegen de los enemigos.

Atención: animal ruidoso, pero protegido

Por las noches se puede oír con claridad al erizo: mientras se desplaza en zigzag por la hierba, gruñe y lanza gritos, y también hace un montón de ruido al comer. Los erizos están protegidos en España, por lo que está prohibido capturarlos.

¿Omnívoro?

Son los animales que comen de todo.

FABRICO UNA CASA PARA UN ERIZO

Los erizos no soportan pasar frío en invierno. Fabrícale una casita para que duerma al abrigo del frío hasta la primavera, y regresará todos los años a tu jardín.

1 Para que los erizos hibernen, necesitan un refugio que los proteja de la lluvia. A finales de septiembre, elige una zona a la que no llegue la lluvia, como debajo de un alero de madera.

2 Coge varios troncos o ramas gruesas de 40 cm de largo y colócalas como formando una especie de tienda de campaña, entrelazándolas. En el interior debería haber un espacio de aproximadamente 30 cm. Deja una abertura de unos 10 cm en uno de los lados.

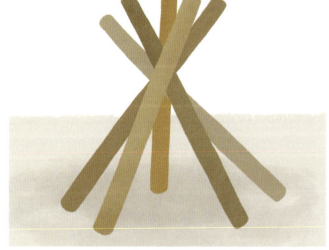

③ Fabrica un techo con hojas secas grandes (por ejemplo, de arce o de platanero), y tapa la estructura colocándolas entre las ramas.

④ Recoge hojas secas más pequeñas y déjalas cerca de la tienda de campaña. El erizo irá a buscarlas para decorar su hogar.

¿Y luego?
No lo molestes mientras duerme en invierno. Si le gusta su nuevo hogar, también lo usará para resguardar a sus crías en primavera.

LA ARDILLA

Este pequeño mamífero de pelo suave parece un peluche. Pero no deja que nadie se acerque a él. Y es mucho mejor así, ya que tiene unas garras muy largas y unos dientes afilados con los que pela nueces, avellanas y bellotas, que le encantan.

Protégela

Si tienes gato, evita que persiga a las ardillas del jardín. Si se sienten en peligro, se marchan en busca de otro nido, sobre todo las hembras con crías.

¡Qué piña más graciosa!

¿Sabrías reconocer una piña mordida por una ardilla? Solo le queda el corazón, con un pequeño copete arriba. La ardilla arranca con los incisivos las escamas de la piña y va girándola poco a poco en busca de los piñones ocultos.

Un buen tamaño

Las minúsculas ardillas africanas miden solo 15 cm de alto, mientras que las ardillas gigantes asiáticas pueden alcanzar casi un metro. Nuestra ardilla roja mide aproximadamente 20 cm.

¿Qué árboles son los que más le gustan?

Tendrás la oportunidad de acoger en tu jardín a una ardilla si en él crecen determinados árboles y arbustos. Sus preferidos para instalar el nido son el carpe y el roble. Para alimentarse, recoge los frutos del avellano. También le encantan los pinos, porque se siente muy protegida por su gran altura, desde donde observar los alrededores, además de que las piñas le sirven de alimento.

¿Dónde se esconden las ardillas en invierno?

Cuando no encuentran hueco en los árboles, se fabrican nidos, reuniendo ramitas, musgo y hojas y formando una bola que cuelgan de ramas altas bifurcadas. Estos nidos tan cómodos los ocupan primero el macho y la hembra, y después solo la hembra con sus crías.

¡Chis!
Las ardillas lo oyen todo. Si quieres verlas, no hagas ruido.

ALIMENTO A **LAS ARDILLAS**

Si das de comer a las ardillas, se acostumbrarán a acudir a menudo a tu jardín. Así podrás verlas con más frecuencia.

¿Mamífero?
Son mamíferos los animales que llevan a sus crías en el vientre y las amamantan cuando nacen.

Las ardillas guardan provisiones para el invierno. Durante la estación fría, no hibernan, pero sí que descansan con más frecuencia. Como comen mucho menos, esconden una parte de sus provisiones para darse un buen banquete en cuanto acaba el invierno. Sin embargo, cuando salen del nido, se olvidan de dónde están la mayoría de sus escondrijos. Ayúdalas en otoño, en invierno y en primavera cuando tengan mucha hambre.

1 En primavera y en otoño, coloca avellanas, nueces, bellotas y piñas en un cuenco grande de arcilla al pie de los árboles del jardín. También puedes dejar cacahuetes enteros (sin sal y con cáscara) si los ves en el mercado.

2 En otoño, en otro cuenco, deja frutos de rosal o moras que recojas de los setos, así como setas. Cuando llueva, vacía el agua de los cuencos y cambia la comida.

¿Y luego?

Cuando haga mucho frío, puedes dejar dc llcvarles comida, porque no salen del nido. Pero en los días de invierno con temperaturas más suaves, puedes volver a dejarles semillas, nueces y avellanas. En esa época hay muy poco alimento, así que se acostumbrarán a ir a ver qué hay en el cuenco.

LAS HORMIGAS

¿Te gusta irte de vacaciones a los campamentos o a las colonias? Pues las hormigas viven en colonias todo el año, aunque no de vacaciones, porque no paran de trabajar. También gozan de unas habilidades impresionantes, como el sentido de la orientación.

El código de circulación de las hormigas

Intenta desviar a las hormigas de su trayectoria poniéndoles un obstáculo en medio: lo treparán y seguirán por el mismo camino. Sin embargo, si dejas un poquito de azúcar glas a veinte centímetros de su ruta, se desviarán para ir a por él. Además, fíjate en que siempre hay una hilera de hormigas en un sentido y otra en el otro. Y cuando se cruzan, se tocan las antenas para transmitirse información, no para saludarse.

Las hormigas regresan siempre a su hormiguero, aunque vayan a buscar comida muy lejos. Nunca se pierden.

A veces comen mariposas muertas.

En invierno, las hormigas taponan los accesos al hormiguero y duermen acurrucadas las unas contra las otras. Se despiertan cuando notan el calor del sol en primavera.

¿A alguien le gustan las hormigas?

No son el animal favorito de nadie, pero algunas, como las hormigas rojas, son muy útiles, porque se alimentan de pulgones, orugas, gusanos y otros insectos molestos. Sin embargo, las hormigas negras son amigas de los pulgones, porque se alimentan de una sustancia dulce que estos producen, llamada *ligamaza*. Y, como les encanta, prefieren tener a los pulgones cerca del hormiguero, lo que no les hace ninguna gracia a los jardineros.

Muy pequeñitas, pero muy viejas

Las hormigas pueden vivir varios años, si es que no se las comen otros animales, como los erizos, claro. Las de los jardines saben esconderse muy bien construyendo los hormigueros bajo el suelo.

MUEVO DE SITIO UN HORMIGUERO

Las hormigas pican las piernas y hacen cosquillas si nos tumbamos en la hierba, en una zona cerca de un hormiguero. Ayúdalas a mudarse a otra parte para poder jugar sin que te molesten.

1 Observa el césped en busca de hormigas. Cuando veas varias juntas y cruzándose, síguelas. Unas irán a buscar alimento y otras, a llevarlo al hormiguero. Así encontrarás la entrada.

2 Para quitar ese hormiguero del césped y trasladarlo a otro sitio en el que no moleste, hazte con una maceta de arcilla de 30 cm de diámetro. Llénala de una mezcla de tierra de jardinería y turba y luego añade musgo.

3 Cubre la maceta con un fragmento de red de jardinería de trama ancha y átala al borde con un cordel. Riégala un poco.

4 Coloca la maceta boca abajo sobre el agujero del hormiguero una mañana en que haga sol y calor. Las hormigas no tardarán en colonizar la maceta.

¿Turba?
Es una especie de mantillo que retiene mucha agua y se hincha cuando se riega.

5 Espera tres días a que toda la colonia esté en la maceta, incluida la reina. Entonces recógela y llévatela a los límites del jardín o fuera de este, al campo.

¿Y luego?
Tapa el antiguo orificio de entrada con tierra y apisónala bien.

LOS CARACOLES

Estos gasterópodos son la pesadilla de los jardineros, pues se comen las plantas jóvenes tanto en la montaña como en el huerto. Pero la verdad es que son irresistibles, con tentáculos que se retractan y su preciosa concha. Conócelos mejor y protege tus plantas frente a su incansable apetito.

¿Gasterópodo?

Los caracoles se desplazan boca abajo, sobre el vientre *(gaster)*, gracias a su pie *(podo)*, que cuenta con multitud de músculos.

Una cuestión de conchas

Los caracoles conservan la misma concha toda la vida. La baba que segregan, llamada *mucus*, cuando se seca, endurece la concha y la hace crecer poco a poco. La concha va fija al cuerpo de los caracoles, que pueden esconderse en ella durante largos periodos de tiempo; por ejemplo, en las épocas en las que llueve poco. Con una capa de mucus, cierran la puerta.

Qué baboso...

Para ahuyentar a sus enemigos, los caracoles segregan baba en tal cantidad que acaba por recubrirlos enteramente. Lo hacen para ocultarse o para repeler a los animales que quieren comérselos.

¿Cómo impedir que se coman las plantas?

Los caracoles son muy voraces: cuando llegan varios a una planta, se la suelen comer entera. Para evitarlo, hay que impedirles el paso: rodea las plantas de sustrato de cáñamo o lino y añade hojas de helecho águila cortadas en trocitos. Los caracoles y las babosas los odiarán. Mientras el lecho sea lo bastante grueso, estos glotones no se volverán a pasar por el huerto.

¡Menudos dientes!

Presta atención al ruido que hacen los caracoles al comer: ¡parece como si tuvieran dientes! Su lengua, la rádula, está cubierta de cientos de dientecillos que cortan y trituran las verduras.

¿Hermafrodita?

Es el nombre que se les da a los animales que son a la vez macho y hembra. Así pues, todos los caracoles pueden poner huevos y tener crías.

CRÍO **CARACOLES**

Descubre cómo viven los caracoles y dónde se esconden. Así sabrás cómo encontrarlos en el jardín y descubrir dónde están sus huevos, para atraparlos y sacarlos del jardín.

1 Después de llover, busca y recoge tres o cuatro caracoles mirando bajo las hojas, bajo los bordes de las macetas y en los caminos del jardín.

2 En un terrario o un acuario grande y vacío situado en la sombra, agrega tierra hasta un grosor de 10 cm. Dispón cuatro o cinco hojas de lechuga en las esquinas.

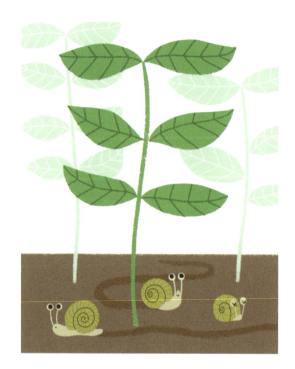

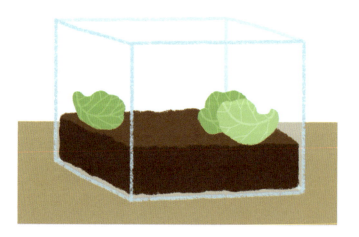

③ Introduce los caracoles en el terrario y ciérralo con una tapa perforada con pequeños agujeritos para que puedan respirar. Vigila que siempre tengan comida y añade hojas tiernas de lechuga. Riega de vez en cuando para que la tierra esté fresca, y las hojas, húmedas.

④ Los caracoles se aparearán, ya que son hermafroditas. Luego harán agujeros de unos 5 cm en el suelo para poner los huevos, que son como minúsculas bolitas blancas. Puedes observar los huevos, pero vuelve a tapar el agujero a continuación para no molestar.

⑤ Las crías de caracol nacen pasados entre quince días y un mes. Cuando salen de la tierra, tienen la concha aún transparente. Fíjate en sus tentáculos: en los más grandes tienen los ojos, mientras que los pequeños les sirven de antenas para saber adónde van y lo que tocan.

¿Y luego?
Devuelve a los caracoles a la naturaleza. Se han ganado la libertad.

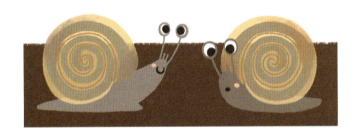

LAS MARIPOSAS

Protege las mariposas, porque son indispensables para el jardín. Como participan en la polinización de las flores, las ayudan a producir semillas, verduras o fruta. Sin embargo, cada vez hay menos, ya que mueren por culpa de los insecticidas.

De oruga a mariposa

Las mariposas ponen los huevos en las plantas. De esos huevos salen orugas, que mordisquean las plantas y se transforman en crisálidas, es decir, se rodean de una especie de cáscara dura. De cada crisálida sale más adelante una mariposa, que libará el néctar de las flores.

¿Polinización?

Al transportar el polen de las flores, como hacen las abejas, las mariposas garantizan la polinización de las plantas y la fecundación de las flores.

Con una pajita

La larga trompa de las mariposas se parece a una pajita, que extienden para recoger el néctar del interior de las flores. Es un órgano muy práctico, sobre todo si las flores tienen forma de embudo.

¿Qué oruga corresponde a qué mariposa?

Las orugas son muy listas: nunca van a lucir los mismos colores que las mariposas. La oruga de la mariposa monarca naranja es muy regordeta, con rayas amarillas, blancas y negras. La de la mariposa ícaro azul es verde, con rayas finas amarillas, mientras que la del macaón (de alas blancas y negras) luce rayas y lunares en el cuerpo de color verde chillón.

¿Qué hay de libar?

Atrae a las mariposas plantando sus flores favoritas. Compra semillas de flores de cosmos (les encanta posarse en ellas) y de manzanilla, aciano o escabiosa, a las que acuden en busca de néctar. Planta las semillas al sol, después de haber removido y rastrillado la tierra. Basta con una pizquita de semillas; espolvorea un poco de tierra por encima y riega en forma de lluvia muy fina.
En el balcón, puedes plantar lavanda en una maceta.

Cuando las mariposas tienen calor, ¿qué beben?

Sí, también necesitan beber, aunque les basta con una gota de agua. Los veranos cálidos y secos, fabrica un bebedero para mariposas llenando de arena y agua un cuenco. El agua no debe superar el nivel de la arena, para que las mariposas no se ahoguen.

OBSERVO
LAS **MARIPOSAS PAVO REAL**

Para poder estar presente cuando la oruga se transforma y cuando la mariposa sale de la crisálida, haz el experimento en casa. Solo necesitas una caja de cartón y un recipiente transparente.

1 Ponte unos guantes y sal a buscar ortigas. Si no tienes en el jardín, puedes encontrarlas en el campo y junto a los caminos. En las hojas, entre mayo y septiembre, encontrarás huevos u orugas negras y peludas que no pican.

2 Recoge una mata de ortigas en la que haya orugas y métela en una caja. Ten mucho cuidado al trasladarla.

3 Introduce la mata en un vaso de agua dentro de un terrario o un acuario grande y vacío con tapa. Las orugas comen mucho; luego, dejarán de comer y se sujetarán a un tallo o a la tapa para convertirse en crisálidas. Fíjate en el proceso, que dura uno o dos días.

4 Al cabo de dos semanas, se abrirán las crisálidas para dejar salir mariposas adultas llamadas *imagos*. El nacimiento dura unos quince minutos. ¡Es como magia!

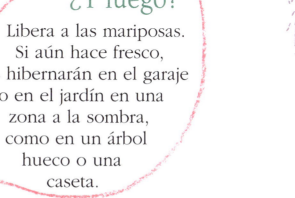

¿Y luego?

Libera a las mariposas. Si aún hace fresco, las hibernarán en el garaje o en el jardín en una zona a la sombra, como en un árbol hueco o una caseta.

LAS LAGARTIJAS

¡Qué raras son las lagartijas! Estos animales de sangre fría son rápidos como el rayo, pero se pasan casi todo el rato durmiendo al sol. Algunas son verdes y otras son grises o de color amarillo y verde, para camuflarse en el entorno en el que viven.

Una alimentación variada

Su menú consiste en insectos, cochinillas, lombrices, gusanos de tierra, arañas y moluscos. En el jardín, controlan la población de insectos y se alían con los erizos para acabar con las babosas.

¿De qué familia son?

Las lagartijas forman parte de la familia de los reptiles, aunque las cuatro patas les quiten parecido con las serpientes. Las hembras ponen huevos, que entierran en el suelo o esconden debajo de piedras grandes.

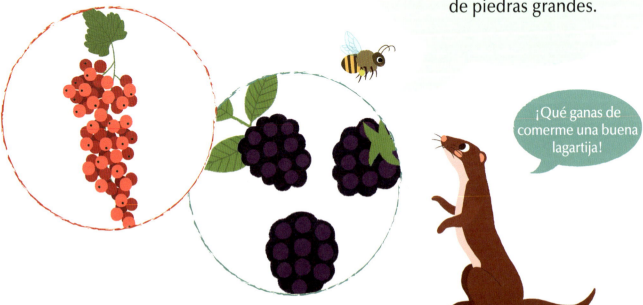

¡Qué ganas de comerme una buena lagartija!

Pasión por las paredes viejas

A la lagartija roquera, muy habitual en los jardines, le encanta sujetarse a las paredes viejas llenas de grietas y a los muros de piedras secas. Ahí es donde se siente segura, aprovechando los huecos para esconderse y disfrutando del calor que acumulan las piedras a lo largo del día.

Curioso como una lagartija

Son muy perezosas, pero aún más curiosas. Cuando pasa algo raro en las inmediaciones, las lagartijas salen a cotillear, a pesar del posible riesgo. Si quieres atraerlas, coloca una frutita con mucho zumo, como las moras o las grosellas, delante de un muro o montón de piedras y las verás salir de su escondite.

Geco
Los gecos son las lagartijas de los países cálidos.

Enemigos de las lagartijas

Los erizos, las garduñas, las comadrejas y las águilas ratoneras cazan lagartijas para comérselas; las musarañas solo las comen cuando son jóvenes o pequeñas, y los gatos juguetean con ellas antes de también comérselas. Así que no corras tras ellas ni intentes atraparlas: ya tienen suficientes enemigos de por sí.

OBSERVO LAS LAGARTIJAS CON PRISMÁTICOS

Los días en que haga buen tiempo, siéntate tranquilamente en el jardín para observar las costumbres de las lagartijas, pero sin asustarlas.

1 En la zona más calurosa del jardín, como cerca de una terraza de orientación sur (en la que dé el sol casi todo el día), coloca un montoncito de aproximadamente diez piedras, mezclando algunas planas grandes de entre 15 y 20 cm con otras más redondeadas con agujeros.

¿Presa?
Otro animal o insecto que las lagartijas capturan vivo para comérselo.

2 Ese montón de piedras va a convertirse en una guarida de lagartijas, ya que lo que más les gusta es calentarse al sol cerca de un refugio al que puedan acudir rápidamente a esconderse. Como son muy miedicas y echan a correr en cuanto oyen ruido o ven algún movimiento, siéntate en la otra punta de la terraza, con los prismáticos apuntando al montón de piedras.

3 Así podrás observar las lagartijas sin que se asusten cuando salgan del montón de piedras para tomar el sol en la terraza o explorar la zona en busca de una presa a la que comerse.

¿Y luego?

Si tienes cámara, puedes hacer fotos a las lagartijas y luego pegarlas en tu cuaderno de investigación.

PONTE A PRUEBA

¿Para qué le sirve la cola?

1. Para abrigarse en invierno.
2. Para esconderse cuando se siente observada.
3. Para ejercer de contrapeso cuando salta de rama en rama.

Respuestas: 1, 2 y 3. Todas son respuestas correctas. La cola de las ardillas les es muy útil y es tan larga como el resto de su cuerpo.

En las alas tengo dibujados ojos enormes. ¿Para qué?

1. Para asustar a mis enemigos.
2. Para ver mejor las flores.
3. Para estar guapo y atraer a las mariposas hembras.

Respuesta: 1. La mariposa pavo real tiene dos círculos enormes en cada par de alas, que parecen ojos, para asustar a sus depredadores. Cuando cree que está en peligro, mueve las alas muy rápido para que dé la impresión de que son ojos de verdad.

¿Para qué le sirven las pinzas a la tijereta?

1. Para picar en el dedo a los niños que la molestan.
2. Para hacer cosquillas a las plantas.
3. Para pinchar a quienes se la quieren comer.
4. Para hacer ganchillo cuando se aburre.

Respuesta: 3. Sus pinzas son un arma defensiva contra los depredadores, pero a los pájaros, las lagartijas y los musarañas les da lo mismo y se las comen igual.

¿Por qué el caracol deja un rastro de baba?

1. Porque siempre tiene sed.
2. Porque tiene la rabia.
3. Para mojar el camino y así avanzar sin hacerse daño.

Respuesta: 3. Como se desplaza reptando, el caracol deja un rastro de baba para deslizarse más fácilmente en todo tipo de superficies y no hacerse daño. A la baba se la llama «moco».

¿QUÉ SON LAS HORMIGAS VOLADORAS?

1. Hormigas que van a reproducirse.
2. Hormigas en viven en los árboles.
3. Hormigas cansadas de andar.

Respuesta: 1. Algunas hormigas tienen alas durante el periodo de reproducción, entre junio y septiembre. Una vez que se han reproducido, los machos mueren y las hembras pierden las alas para convertirse en reinas fundadoras de otras colonias.

¿Por qué el sapo partero carga con huevos en la espalda?

1. Para comérselos cuando tiene hambre.
2. Para protegerlos de los depredadores.
3. Porque no se ha dado cuenta de que se le han quedado pegados al pasar entre las hierbas.

Respuesta: 2. Este sapo es todo un padrazo: tras la puesta de la hembra, coge la ristra de huevos jóvenes y amarillos y se la pega a la espalda para protegerlos de quienes se los quieran comer. En verano, se los quita para que nazcan los renacuajos.

DESCUBRIR Y CULTIVAR LAS PLANTAS

LAS HERRAMIENTAS QUE NECESITO EN CASA

Hasta para la jardinería casera necesitamos herramientas, que no son las mismas que las que se usan en el huerto.

Cuchara y tenedor

Para mezclar la tierra, llenar las macetas o limpiar las raíces de las plantas, vas a necesitar una horca y una pala pequeñas. Sin embargo, estos útiles de jardinería suelen ser muy grandes, así que quizá te resulte más práctico usar un tenedor y una cuchara viejos.

Una bandeja para no ponerlo todo perdido

Al manipular plantas y tierra en casa, se corre el riesgo de mancharlo todo, por mucho cuidado que se ponga. Es más fácil no ponerlo todo perdido si se usa una bandeja para trasplantes de plástico, con bordes alzados.

Ojo: pide permiso a tus padres antes de usar un tenedor y una cuchara en tus labores de jardinería.

Una regadera pequeña

Para regar las plantas vas a necesitar una regadera. Elige un modelo pequeño, fácil de llenar en el grifo de la cocina y que no te cueste levantar sin tirarlo.

Un pequeño pulverizador

Usa un pulverizador para mojar las hojas de plantas que quizá pasen demasiado calor en casa o para regar ligeramente la tierra tras plantar semillas.

¿Una duchita?

De boquilla larga
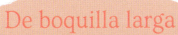
Las regaderas de boquilla larga son más prácticas para poder regar el centro de las macetas.

Guantes

La tierra es oscura y ensucia. Además, el contacto con determinadas plantas puede irritarte la piel y hacer que te pique. No es obligatorio, pero puedes ponerte guantes.

Distintas macetas

Hazte con macetas de distintos tamaños y formas. Deben tener al menos un agujero en la base para que pueda salir el exceso de agua después de regar.

CULTIVO UNA PLANTA CARNÍVORA

Las plantas carnívoras no son peligrosas y es imposible que te muerdan. Además, son muy fáciles de cuidar y tienden unas trampas alucinantes para cazar insectos.

LA MÁS DIVERTIDA, LA DIONEA

¿Cómo atrapa los insectos?

Sus hojas parecen una boca abierta. Dentro de las hojas hay tres pelos. Cuando un insecto se posa en las hojas y toca dos de los pelos a la vez, la «boca» se cierra de repente. Así el insecto queda atrapado.

Pruebo las trampas que tiene en las hojas

No siempre vas a estar presente cuando atrape a un insecto, así que puedes obligar a la trampa a cerrarse para ver la velocidad a la que reacciona. Introduce con suavidad una brizna de hierba en la «boca». Cuando toques dos de los pelos, la hoja se cerrará. Ojo: no es ningún juguete, así que no te pongas a hacerlo sin parar.

¿Cómo se come el insecto?

La planta no se traga el insecto, sino que produce sustancias que lo disuelven. Así, el líquido obtenido pasa a la planta a través de la piel de las hojas.

A las plantas les encanta la humedad

Dentro de las casas, el aire es más seco que en el exterior, por lo que tus plantas carnívoras podrían sufrir. Si no tienes terrario, coloca las macetas en un platillo de unos 3 cm de alto lleno de bolitas de arcilla expandida bañadas en agua de lluvia. El plato deberá ser el triple de grande que la maceta correspondiente.

Divido mi planta en dos para que crezca mejor

Ponte en una mesa cubierta con un plástico. Dale la vuelta a la maceta de la dionea sosteniendo la planta entre los dedos y retira la maceta. Con las manos, separa con delicadeza las raíces de las plantas y vuelve a plantarlas de inmediato en otras macetas llenas de turba rubia húmeda.

¿Cómo regarla?

La mejor agua para las plantas carnívoras es el agua de lluvia. Pide permiso para poner una cuba bajo un canalón o simplemente recoge agua de lluvia en un recipiente. Guárdala en casa al menos veinticuatro horas, para que tome la temperatura de la estancia en la que esté la planta.

LA PINGUICULA, UNA PLANTA CARNÍVORA MUY CURIOSA

Es una planta que no parece carnívora, ya que no tiene ninguna trampa visible. Además, florece durante casi todo el año. Y eso es lo que engaña a los insectos.

Unas hojas muy raras

Sus hojas forman una especie de roseta a ras de suelo que hace que parezcan canónigos (ya sabes, como los de las ensaladas) de hojas frondosas.

¿Cómo atrapa a los insectos?

La pinguicula se parece a las plantas de jardín clásicas en las que los insectos pueden posarse sin ningún riesgo. Sin embargo, tiene las hojas cubiertas de minúsculas glándulas que no se ven a simple vista pero que expulsan una sustancia grasa que se pega a las patas de los insectos más descuidados.

La pinguicula weser florece de primavera a otoño.

¡Expulsa pegamento!

La tierra adecuada para mi pinguicula

Esta planta no es como las demás carnívoras. No crece en musgo de turbera, sino en una mezcla a partes iguales de perlita, vermiculita, puzolana y arena. Compón tú personalmente la mezcla con los distintos materiales que encontrarás en viveros o tiendas de bricolaje.

Esquejo mi planta

En invierno, arranca con cuidado algunas hojas entre las que crecen en la parte exterior de la planta. Tendrán la base casi blanca. Colócalas en un recipiente que hayas cubierto de la tierra adecuada para la planta. Presiona ligeramente sobre la parte blanca para favorecer la aparición de raíces.

La hoja echará raíces para dar lugar a una nueva planta.

OTRAS CURIOSAS PLANTAS CARNÍVORAS

Te presentamos más plantas carnívoras que saben jugar a despistar. Disimulan las trampas para capturar mejor a los insectos más curiosos. No te las pierdas: no son solo interesantes, sino también fáciles de cultivar.

Drosera capensis

Las trampas de esta plantita, que no supera los 20 cm de altura, son hojas finas y largas, con pelos en los extremos, de los que emana una especie de gotas de pegamento. Las gotas atraen a los insectos, ya que estos creen que es agua, y los dejan atrapados. A continuación, la planta produce su famosa sustancia con la que disuelve a los imprudentes. Se trata de una planta de rápido crecimiento y que no hace falta cambiar de habitación en invierno, a diferencia de otras, que exigen una temperatura inferior a la que suele hacer en los salones y las habitaciones.

Sarracenia minor

Sus hojas forman un embudo vertical de entre 50 y 70 cm de altura, con una especie de tapa llamada *urna*. Debajo de la cubierta cuenta con unas glándulas de néctar que atraen y embriagan a los insectos, que caen al fondo, donde se encuentra la famosa sustancia digestiva o bien agua con bacterias. El interior del tubo está recubierto de pelos que apuntan hacia abajo, para impedir que los insectos puedan subir.

La planta lo tiene todo pensado.

En algunas droseras, las gotas de «pegamento» son rojas. En otras, son transparentes.

Creo un terrario

Si tus padres tienen un acuario viejo que ya no usen, puedes transformarlo en un pequeño jardín para plantas carnívoras. Cubre la base con una capa de 5 cm de puzolana (piedra de lava procedente de los volcanes) y tápala con un pedazo de fieltro para jardín. A continuación, añade la tierra adecuada para las plantas. Tienes que usar una tierra especial para plantas carnívoras o musgo de turbera que hayas humedecido muy bien con agua de lluvia. Es imprescindible que tenga un grosor de entre 15 y 20 cm. Ahí podrás plantar tus plantas favoritas.

No las obligues a comer.

Algunos insectos capturados no se mueven

Eso es porque solo queda la piel del insecto, que es tan dura que el producto digestivo de la planta carnívora no la puede disolver. La planta ha absorbido todo el interior, mientras que el resto se lo llevará el viento o se acabará desintegrando solo.

¿Tiene mi planta suficientes insectos para comer?

No te preocupes: ante todo, las plantas carnívoras son plantas, con raíces que extraen alimento de la tierra. Por ello, no necesitan tener muchos insectos a su disposición. Con un mosquito o una mosca de vez en cuando les bastará. Por ello, no es recomendable que caces insectos para dárselos de comer: tus plantas podrían morir empachadas.

UN NENÚFAR EN CASA

Los nenúfares son plantas que crecen en el fondo del agua, en charcas y estanques. Pero algunos, como los *Nymphaea* híbridos, son originarios de países cálidos y debemos cultivarlos en casa, como plantas de interior. Suelen ser los nenúfares más bonitos de todos.

¿Cómo crecen los nenúfares?

Las hojas y las flores de nenúfar parecen flotar en la superficie del agua. Lo cierto es que sí que flotan, pero están unidos a la cepa y a las raíces por tallos. En realidad, los nenúfares son plantas que crecen desde la tierra que hay debajo del agua.

¿Qué maceta escoger para mi nenúfar?

Ojo: es imprescindible plantar los nenúfares en agua. Pide a tus padres que te compren un cubo grande como los de vendimia, de al menos catorce litros. Se trata de un cubo grande y negro de plástico, del mismo ancho que alto, que le vendrá muy bien a tu nenúfar.

Usa un cubo muy grande.

Preparo el cubo

Aunque los nenúfares crecen en el agua, sus raíces se agarran a la tierra. Así que mezcla a partes iguales tierra del jardín con sustrato para plantas acuáticas. Vierte la mezcla en el cubo hasta una altura de aproximadamente un cuarto de este. Luego, cúbrela por completo con guijarros.

Lleno el cubo con agua de lluvia

El agua del grifo puede contener sustancias que no le sienten bien al nenúfar, así que es preferible que uses agua de lluvia. Es fácil si tus padres han puesto una cuba debajo de los canalones. Vierte con cuidado el agua sobre los guijarros para llenar el cubo sin mover mucho la tierra.

Elígelo bien

Es fundamental comprar un nenúfar que crezca a poca profundidad.

Planto mi nenúfar

Para empezar, remángate bien. Introduce las manos en el agua y retira algunos de los guijarros del centro del cubo. Sumerge la planta e introduce las raíces en la tierra. Luego, devuelve los guijarros a su sitio: ayudarán a la planta a sostenerse hasta que las raíces se agarren por sí solas a la tierra.

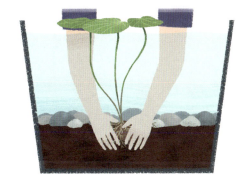

¿Puedo sacarlo al jardín?

Sí. Siempre que la temperatura no baje de los 15 °C, puedes sacar el cubo al jardín, a pleno sol. Solo tendrás que verter un poco de agua todos los días para compensar la que se vaya evaporando.

TENGO UNA PLANTA PREHISTÓRICA DEL DESIERTO

Esta es una planta ideal para dejar alucinados a tus amigos. Lo más curioso de ella es que, aunque parece que está muerta, se abre y se pone verde en cuestión de horas.

¿Cómo se llama esta planta tan rara?

Se llama *rosa de Jericó*. Pero ni es una rosa como las que sueles ver y oler en el jardín, ni procede de la ciudad palestina de Jericó. Más bien parece una lechuga con hojas de helecho, y crece en un desierto del norte de México. Al igual que los helechos, no le salen flores, y sus «semillas» son esporas que aparecen en las hojas.

¡Qué lechuga más rara!

¿Dónde crece?

Esta planta crece en terrenos muy secos o incluso en rocas, sin nada de tierra. De hecho, sus acompañantes habituales suelen ser los cactus.

¿Prehistórica?

Los especialistas han descubierto antepasados de la rosa de Jericó con una edad aproximada de cuatrocientos millones de años. En aquella época, formaba auténticos árboles.

Puede vivir mucho tiempo sin agua

Los cactus guardan las reservas de agua en el tronco, por lo que pueden aguantar muchos meses sin agua.

Pero las rosas de Jericó son muy distintas: en cuanto llueve y el suelo está húmedo, se abren para formar una especie de tazón. Luego, se vuelven a cerrar plegando los tallos para conservar la humedad en el centro. De este modo, viven a cámara lenta, con tranquilidad, para no desperdiciar su preciada reserva.

Puedo hacer que se abra en cuestión de horas

1 Por la mañana, cuando lleguen tus amigos, ponles delante la rosa de Jericó en un plato hondo vacío. Luego, vierte un poco de agua en el fondo y marchaos a jugar.

2 Volved unas horas después. La especie de bola marrón y seca se habrá abierto y se habrá puesto verde.

Otra planta camello: la tillandsia

Esta planta crece fuera de la tierra, en los árboles o sobre las piedras. Absorbe la humedad a través de las hojas, ya que las raíces no lo hacen. Además, ¡le salen flores! Puedes unirla a un trocito de corcho y colgarlo de una estantería o de tu litera.

HAGO FLORECER UN JACINTO PARA NAVIDAD

Los jacintos son plantas de crecimiento rápido, que pueden florecer en casa un mes después de haberlos plantado en una maceta. Solo tienes que hacer que pasen frío en noviembre.

¿Qué son los jacintos?

Los jacintos son flores que nacen de bulbos, como los tulipanes, los narcisos y los crocus. Se plantan en el jardín en octubre o noviembre y florecen en primavera. Suelen ser muy aromáticos.

Le hago creer que estamos en invierno

Así pues, los jacintos florecen en primavera, después de que el bulbo haya pasado una temporada de frío. Para que florezcan en Navidad en casa, tienes que meterlos en el cajón de las verduras de la nevera, sobre la segunda quincena de noviembre, y dejarlos ahí unos quince días.

> Al salir de la nevera y percibir las temperaturas suaves del interior de la casa, el bulbo creerá que ha llegado la primavera y florecerá.

¡Que pase frío!

Planto el bulbo en una maceta

1 A principios de diciembre, hazte con una maceta y llénala hasta que falten 4 cm para el borde con una mezcla de tierra de jardín y aren a partes iguales. Riégala un poco.

2 Saca el bulbo de la nevera y colócalo en el centro, sobre la tierra húmeda, con la punta hacia arriba. Añade más de la mezcla de tierra y arena alrededor del bulbo, hasta que esté cubierto solo hasta la mitad. Coloca la maceta cerca de una ventana, sobre un platillo.

No pierdo de vista mi jacinto

De la parte superior del bulbo no tardarán en salir primero hojas y luego un tallo floral. Riega con frecuencia alrededor del bulbo para nutrir la tierra y para que la maceta pese más, lo que le dará más estabilidad. Para evitar que el tallo en el que esté la flor se incline demasiado hacia la ventana, gira la maceta un cuarto de vuelta todos los días.

Los jacintos tienden a inclinarse hacia la ventana para recibir más luz.

Un invierno muy perfumado

Para que tu casa huela bien durante más tiempo, introduce un bulbo de jacinto en la nevera cada quince días a partir de principios de noviembre.

HAGO CRECER UN AGUACATE

El aguacate es una planta que crece de forma natural en Centroamérica. Nosotros comemos su fruto después de haberle quitado el hueso.

Recupero el hueso

En verano, cuando tus padres vayan a comer aguacate, pídeles que te guarden uno o dos huesos. Lávalos con agua del grifo para quitarles los restos de carne que puedan quedarles y sécalos con papel absorbente.

> Cuando los huesos estén bien secos, podrás sujetarlos mejor sin riesgo de que se te resbalen.

Pongo a germinar el hueso en agua

Coge una botella de plástico vacía. Pide a uno de tus padres que recorte la base a aproximadamente 8 cm del fondo y, después, que haga lo mismo con la parte superior, a 8 cm del cuello. Pídele que retire el tapón.

1 Ahora te toca a ti. Introduce la parte superior, sin tapón, del revés en la base. Aprieta un poco para que las dos secciones estén bien encajadas. Vierte agua en el recipiente hasta que suba ligeramente por el cuello de la botella.

2 Ahora solo tienes que colocar un hueso en el cuello, con la parte puntiaguda hacia arriba. Ojo: el agua solo debería tocar la base del hueso. Comprueba todos los días la altura del agua y rellena el recipiente si ves que es necesario.

Las primeras raíces aparecerán al cabo de unas semanas.

Ten cuidado: las raíces jóvenes son muy frágiles.

Planto mi nueva planta en una maceta

1 Cuando las raíces midan 4 o 5 cm, retira el hueso del recipiente para plantarlo en una maceta con tierra. Manipula con mucha delicadeza el hueso para no romper las raíces, que son muy frágiles.

2 Pide a tus padres una maceta de barro de 12 a 15 centímetros de diámetro y llénala hasta dos tercios de su capacidad con sustrato para plantas de interior.

Coge el hueso con una mano, de forma que las raíces estén en contacto con la tierra, y sigue agregando sustrato poco a poco, para que el hueso quede enterrado hasta la mitad. Riega un poco para que la tierra se fije bien a las raíces.

3 El hueso no tardará en abrirse en dos en sentido vertical, y de la hendidura saldrá un tallo. Estarás asistiendo al nacimiento de tu aguacatero. Sitúa la maceta cerca de una ventana.

Córtale la punta varias veces

Cuando la planta alcance 20 o 30 cm de altura, pide unas tijeras de podar para cortar el tallo a 1 cm por encima de una de las hojas. Así aparecerán dos nuevos tallos, que a su vez cortarás del mismo modo para obtener dos tallos más por cada uno.

> Si no podas el aguacatero, crecerá de todos modos, pero solo tendrá un tallo y no será muy bonito.

Otros huesos de plantas exóticas que puedes hacer germinar

El aguacate no es la única planta exótica que puedes intentar plantar. También funciona con el hueso de lichi o con la semilla que se extrae del hueso del mango. La única diferencia es que, en esos dos casos, puedes introducirlos directamente en el sustrato.

CULTIVO CACAHUETES

Seguro que conoces bien los cacahuetes del aperitivo. Pero lo que quizá no sabías es que proceden de una planta, la planta del cacahuete, que puedes plantar en casa para recolectar tus propios cacahuetes. ¡Qué díver!

Hago germinar las semillas en algodón

Pide a tus padres dos discos desmaquilladores. En primavera, sitúa entre los dos discos tres semillas de cacahuete crudas y vierte un poco de agua tibia por encima para mojar el algodón. Pasada una semana, levanta con delicadeza el algodón de encima. Las semillas deberían haber empezado a germinar.

Las planto en un cuenco

1 Hazte con una maceta, una vieja fuente de horno, un barreño o cualquier otro recipiente de unos 40 cm de diámetro que pueda contener aproximadamente 8 cm de sustrato. En el centro, haz un agujero grande como la palma de la mano, de 3 cm de profundidad.

2 Introduce las semillas germinadas en posición horizontal, bien separadas entre sí. Recúbrelas de tierra y presiona ligeramente, prestando atención para no estropear las semillas. Riega ligeramente para humedecer la tierra.

Vigilo las plantas jóvenes

Sitúa la maceta en una habitación de la casa en la que haga calor, al menos 20 °C, idealmente encima de un radiador. Vigila todos los días que la tierra esté mojada. No debería estar empapada, pero sí siempre húmeda. Si lo crees necesario, añade un poco de agua. Ten paciencia. Habrá que esperar entre tres y cuatro semanas para ver salir las plántulas. Cuando hayan salido todas de la tierra, coloca la maceta cerca de una ventana, ya que la planta del cacahuete necesita mucha luz.

Las plántulas se parecen un poco a los trébols.

Las flores se entierran ellas solas

Las plantas crecerán hasta los 30 cm de altura, aproximadamente. Luego, formarán bonitas flores amarillas. Si fuera hace calor, puedes sacar la maceta.

A partir de ese momento, fíjate bien en las flores. Los tallos se irán inclinando poco a poco, hasta que las flores toquen la tierra. Luego se enterrarán y se convertirán en cacahuetes donde nadie pueda verlas, casi como sucede con las patatas.

¿Dónde puedes encontrar semillas de cacahuete?

Ojo: los cacahuetes tostados que se venden en los supermercados no van a germinar. Hay que comprar semillas de cacahuete en una tienda de mascotas. Las semillas de cacahuete forman parte de la alimentación de los pájaros, sobre todo de los loros. No hace falta que compres un kilo: basta con unas pocas.

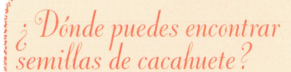

¡Menudo espectáculo!

Los tallos florales se inclinan y se conectan a la tierra, más o menos como los cables que sostienen las carpas.

Recolecto los cacahuetes

Cuando las hojas estén totalmente marchitas, normalmente en octubre, podrás recolectar los cacahuetes. Solo tienes que arrancar la planta con delicadeza y verás algunos cacahuetes mezclados con las raíces. Se parece a los que puedes comprar con cáscara, pero estos son blanquecinos, porque no les ha dado la luz y están sin tostar.

Pruebo los cacahuetes

Para comer los cacahuetes, primero tienes que tostarlos. Pide a un adulto que caliente el horno a 180 °C, tras haber retirado la bandeja. Pela los cacahuetes y repártelos sobre la bandeja cubierta de papel de horno. A continuación, introduce la bandeja en la parte central del horno y deja que se tuesten 25 minutos. Una vez que los hayas sacado del horno, guarda los cacahuetes en un recipiente. Añádeles un poco de sal mientras aún estén calientes y espera a que se enfríen antes de probarlos.

¡PIEDRAS QUE DAN FLORES!

No, no son piedras de verdad, sino plantas que parecen piedras. Al igual que los cactus, crecen de forma natural en países poco lluviosos. Puedes divertirte cultivando una en casa, en una maceta o cazuela de barro.

¿Piedras vivas?

Se las apoda *piedras vivas* porque suelen ser grises y jaspeadas, como las piedras que las rodean. Estas plantas no tienen tallo y suelen estar compuestas solamente por un par de hojas a ras de suelo. Así tienen menos superficie expuesta a los rayos solares y pasan menos calor. Todos los años florecen y producen uno o varios pares de hojas nuevas.

Planto piedras vivas

1 Vas a plantar tu piedra viva en una maceta de arcilla, más ancha que alta y en forma de cuenco, que tenga al menos un agujero en la base para expulsar el agua de riego. Elige una maceta que sea solo un poco más grande que la planta.

¿Suculentas?
A las hojas se las llama *suculentas* porque son gruesas y están llenas de agua.

2 Saca la planta de la maceta de plástico en la que la habrás comprado y, con un tenedor, retira con delicadeza la tierra que rodea las raíces.

4 Riega un poquito para que la tierra se pegue bien a las raíces. Pero no te pases: basta con medio vaso de agua.

3 A continuación, añade tierra a la nueva maceta y planta en ella tu planta, repartiendo bien las raíces en todas las direcciones. Vas a necesitar sustrato especial para cactus.

Una tierra bien seca

A las piedras vivas les viene bien que la tierra se seque rápido en la maceta.

Divido las piedras vivas para regalárselas a mis amigos

1 Pasados dos o tres años, la planta habrá formado más pares de hojas. Sácala de la maceta y retira la tierra de las raíces ayudándote de un tenedor viejo.

> El mejor momento para plantar las piedras vivas es en primavera.

2 Separa con delicadeza los pares de hojas con sus raíces incluidas. Para ello, coge un par en cada mano y tira con mucho cuidado para separarlos, sin dañar demasiado las raíces. No pasa nada si algunas raíces se rompen.

> Como la piedra viva produce nuevas hojas todos los años, vas a acabar teniendo un montón. Compártelas.

3 Vuelve a plantar inmediatamente las nuevas plantas, cada una en su propia maceta, como hiciste al principio con tu primera planta. No te olvides de usar sustrato para cactus y, a continuación, regar un poco. Así podrás regalárselas a tus amigos o intercambiarlas con otras personas que también cultiven plantas tan exóticas como estas.

Algunas piedras vivas fáciles de cultivar

El *Conophytum wettsteinii* es una planta curiosísima, con hojas de color verde claro sobre las que salen flores violetas.
El *Conophytum x marnierianum* es muy fácil de cultivar. Sus hojas tienen puntitos marrones y le salen flores de color amarillo y violeta.
El *Pleiospilos nelii* luce puntitos de color verde oscuro en las hojas y echa grandes flores en tonos amarillo claro.
Al *Lithops aucampiae,* de hojas jaspeadas en marrón, le salen flores doradas.

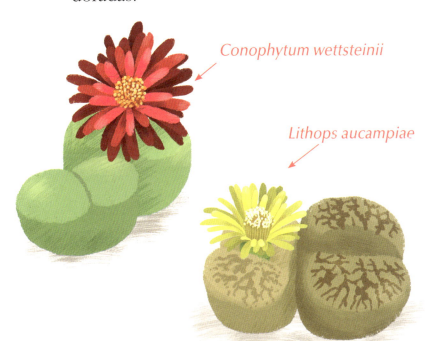

Conophytum wettsteinii

Lithops aucampiae

MI PLANTA ES MUY TÍMIDA Y DOBLA LAS HOJAS CUANDO LA TOCO

La *Mimosa pudica* es una planta de comportamiento muy extraño. Cuando algo le toca uno o varios de los folíolos, estos se doblan al momento. Es la más habitual de las plantas sensibles al tacto, pero no es la única del mundo que reacciona así.

¿Por qué reacciona así?

Lo cierto es que se trata de una reacción de protección frente a los animales que puedan querer comérsela. Al doblar las hojas, pasa a ser mucho menos apetitosa. Este fenómeno es normal y natural. Cuanto más calor haga, sobre los 25 °C, más rápido se apartará. La hoja no tarda en recobrar su forma inicial, en apenas unos minutos, pero muy despacio y de forma casi imperceptible para el ojo humano.

Siembro una planta sensible

En primavera, prepara sustrato con turba, arena y compost y rellena con él una maceta. Sitúa varias semillas en la superficie y riega suavemente con agua de lluvia. Coloca la maceta cerca de un radiador y vigila que el sustrato esté siempre húmedo. En verano, la planta habrá echado flores en forma de pompones rosas.

¿Es el baño la mejor ubicación para mi planta tímida?

Las plantas sensibles agradecen los entornos cálidos, con una considerable humedad ambiental. Por ello, el baño es un buen emplazamiento si cuenta con ventana.

En caso contrario, también puedes plantarla en el terrario en el que tengas las plantas carnívoras.

CREO UN MINIBOSQUE DE CACTUS

Los cactus son plantas fáciles de cultivar en casa y hasta en tu habitación. Suelen presentar formas divertidas y puedes coleccionarlos y compartirlos. Algunos pinchan, pero solo si te acercas demasiado.

Cojo el cactus sin pincharme

Coge una hoja de papel de periódico y dóblala varias veces sobre sí misma hasta formar una tira gruesa. Rodea con ella el cactus, cógelo y agarra los dos extremos de la tira con los dedos de una mano. Así podrás trasplantarlo.

Cambio de maceta mi nuevo cactus

Los cactus que compras se venden en macetitas de plástico. Tienes que cambiarlo de maceta para que viva más tiempo. Sácalo con delicadeza de la maceta.

Con un tenedor pequeño, retira con cuidado la tierra que se haya quedado pegada a las raíces. Deja el cactus en la mesa.

Planto mi pequeño cactus en su maceta

1 Elige una maceta de arcilla. Llénala hasta un tercio de su altura con gravilla. Así el agua sobrante saldrá rápidamente por el agujero del fondo.

El sustrato correcto

Los cactus no crecen en sustrato normal ni en la tierra del jardín. En la maceta debes usar un sustrato especial para cactus, que tus padres encontrarán en los viveros.
Pero también puedes prepararlo mezclando dos puñados de arena, un puñado de tierra del jardín y un puñado del sustrato que usen tus padres para las plantas de casa.

> Espera antes de regar.

> Tú puedes hacer la mezcla.

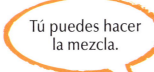

2 Acerca el cactus con las raíces al aire. Sujétalo e inclínalo para no pincharte mientras terminas de llenar la maceta de sustrato.

3 Por último, colócalo recto y presiona ligeramente la tierra de alrededor con los dedos. No riegues ahora. Espera alrededor de una semana para regar un poquito.

Creo un bosque de cactus

Si te gustan los cactus, diviértete reuniéndolos en un recipiente plano, como una fuente de horno que ya no se use. Solo tienes que pedirle a uno de tus padres que agujeree el fondo. Llénalo de gravilla y de tu mezcla casera. Luego planta los distintos cactus, sin amontonarlos demasiado. También puedes disponer piedras encima de la tierra para que parezca un auténtico paisaje desértico.

Es igualito que un desierto.

Un cactus con flores fosforescentes

Este pequeño cactus redondo dejará alucinados a tus amigos, porque no solo le salen unas curiosas florecillas amarillas, sino que, encima, esas flores «brillan» en la oscuridad. Se llama *Notocactus graessneri,* pero no es fácil de encontrar. Tus padres van a tener que buscarlo en internet.

Cuido de mis cactus

Para empezar, aprende a regarlos: solo una vez al mes, no más, sumergiendo la maceta un cuarto de hora en un barreño. ¡Así de fácil! Aparte de eso, una vez al mes deberías limpiarles el polvo con un pincel nuevo de cerdas largas.

UNA PLANTA BAILARINA

Esta es una planta muy graciosa, porque se mueve cuando hay ruido o luz. Para sorprender a tus amigos, haz que se mueva al son de tu voz o de una linterna.

¿Qué planta tan rara es esta?

Los botánicos la llaman *Desmodium motorium* o *Desmodium gyrans* y es originaria del sur de Asia. Algunas de sus hojas no paran de moverse, y lo hacen lo bastante rápido como para que podamos notar el movimiento a simple vista, con el objetivo de captar el máximo de rayos de sol posible.

Hago germinar las semillas

Dispón cuatro o cinco semillas sobre un disco desmaquillador de algodón que te den tus padres. Coloca el algodón en un platito y vierte encima un poco de agua para humedecerlo. Deja el platito cerca de un radiador, ya que estas semillas en forma de judía negra necesitan calor para germinar. Ten paciencia, pues las plántulas pueden tardar hasta tres semanas en salir.

¿Dónde puedes encontrar esta planta?

Puedes pedir la planta bailarina por internet.

Vigila que el algodón esté siempre un poco húmedo.

Siembro la planta bailarina en una maceta

Esta planta crece en tierra de brezo. Pregunta a tus padres si tienen una bolsa en la que quede un poco. Llena con ella una maceta y haz tres agujeros formando un triángulo, bien alejados los unos de los otros, y tan profundos como tu uña. Introduce una semilla germinada en cada uno de los agujeros. Recúbrelas de tierra y, a continuación, riega con un pulverizador que contenga agua de lluvia.

¿Tierra de brezo?

Es la tierra en la que crecen las azaleas y los rododendros en los jardines.

Cómo hacer que se muevan las hojas

Acerca una linterna a la planta y muévela a su alrededor. Las hojas no tardarán en girar para seguir la luz. También puedes hacer que se muevan si les acercas un altavoz en el que suene música.

Mi planta necesita luz

Cuando la planta haya comenzado a crecer, sitúa la maceta cerca de una ventana o en un porche. Tendrás que regarla abundantemente en verano, pero vigila que no se quede el agua estancada en la tierra. No te olvides de colocar la maceta sobre un plato con bolitas de arcilla o grava.

No dejes que la base esté en contacto con el agua.

LOS FRUTOS DE MI PLANTA REVIENTAN Y EXPULSAN LAS SEMILLAS

Esta planta es delicada y muy sensible. Si le tocas los frutos con el dedo, expulsa las semillas. Ten cuidado. No es peligroso, pero sí espectacular.

¿Qué planta tan rara es esta?

Entre julio y octubre, la balsamina presenta flores rosas y blancas que, cuando se marchitan, dejan paso a un fruto cuya cáscara está como subida a unas bisagras elásticas. Al madurar, el fruto se abre en un movimiento seco, que lanza las semillas muy lejos, a hasta dos metros de la planta. Por ese motivo, a esta planta se la considera invasiva y se suele encontrar una gran cantidad de ejemplares en una misma zona.

Siembro las balsaminas

Prepara una mezcla de sustrato para semillero y tierra de jardín, a partes iguales. Llena con ella una maceta de al menos 15 cm de profundidad. Coloca dos o tres semillas en la superficie y húndelas muy ligeramente, que no llegue a cubrirlas la tierra. Riega con cuidado, mejor si es con un pulverizador.

La balsamina es una planta anual. Las semillas que caen al suelo germinan en primavera.

Cuido de mi planta explosiva

Sitúa la maceta fuera de casa, a la sombra, y vigila que la tierra esté siempre húmeda. Para no olvidarte, deja el pulverizador al lado de la maceta y acostúmbrate a regar las semillas todas las mañanas antes de ir a clase.

Para que te dure más tiempo, puedes sembrar semillas una vez al mes entre abril y junio.

Me divierto haciendo estallar los frutos con los dedos

Los frutos son alargados y acaban en punta. Para hacer que la balsamina reaccione y expulse las semillas, solo tienes que apretar ligeramente el fruto entre el pulgar y el índice, en el extremo opuesto a la punta. Así, las semillas saldrán disparadas.

Las primeras flores saldrán dos meses después de la siembra.

Puedes recoger las semillas de balsamina para sembrarlas.

PONTE A PRUEBA

A VECES PUEDES ENCONTRAR SETAS QUE CRECEN FORMANDO UN CÍRCULO. ¿CÓMO SE LLAMA A ESTE FENÓMENO?

1. Seto.
2. Corro de brujas.
3. Anillo de hadas.
4. Anillo de Saturno.

Respuestas: 2 y 3. Las setas son la parte visible de la planta, una especie de floración del filamento blanco subterráneo, el micelio. Si una espora (semilla) de seta cae en una ubicación favorable, desarrollará micelio, que se extenderá en todas las direcciones, y se formará una seta en los extremos de cada filamento, hasta dibujar una circunferencia.

¿Qué mamífero han encontrado preso de una planta carnívora?

1. Un ratón.
2. Una ardilla.
3. Un gato.

Respuesta: 1. Los pequeños roedores, como los ratones, a veces caen en las urnas de los Nepenthes más grandes.

Si plantamos un bulbo del revés o de lado, ¿podrá crecer?

Respuesta: La mayoría de bulbos tienen un extremo más o menos puntiagudo, que es el que debe dirigirse hacia arriba al plantarlos, porque es de ahí de donde saldrá el tallo. Sin embargo, el bulbo también podrá crecer aunque esté inclinado. El tallo saldrá igual, pero se enderezará para salir al exterior.

¿Qué diámetro tienen las hojas del nenúfar más grande del mundo?

1. 0,3 metros.
2. 1 metro.
3. 3 metros.

Respuesta: 3. Este nenúfar gigante vive en las aguas cálidas de la Amazonia, en Brasil.

EL NOMBRE BOTÁNICO DE LA MÁS FAMOSA DE LAS PLANTAS SENSIBLES ES *MIMOSA PUDICA*. EN CAMBIO, EL NOMBRE BOTÁNICO DEL ARBUSTO LLAMADO *MIMOSA*, DE FLORES AMARILLAS Y QUE HUELE MUY BIEN EN INVIERNO, NO ES *MIMOSA*. ¿CUÁL ES?

1. Acacia.
2. Grevillea.
3. Nandina.

Respuesta: 1.

¿CUÁL ES LA OTRA PLANTA CON BULBO QUE, AL IGUAL QUE EL JACINTO, FLORECE EN PRIMAVERA, A VECES CUANDO AÚN HAY NIEVE, Y TIENE CAMPANILLAS BLANCAS?

1. El muguete.
2. El ornitógalo.
3. La campanilla de invierno.

Respuesta: 3. La campanilla de invierno, como su propio nombre indica, es una planta cuyas flores son como campanillas blancas péndulas.

El aguacate cuyo hueso has hecho germinar es una planta tropical. Pero ¿dónde más crece, además de en macetas en casa?

1. En grandes invernaderos de jardines botánicos.
2. En el mar.
3. En la costa de Granada y Málaga.

Respuesta: 1 y 3.

LAS HERRAMIENTAS PARA EL JARDÍN

En las tiendas hay herramientas «para niños», de dimensiones adaptadas a tu tamaño y mucho más ligeras que las de los adultos. En cambio, son mucho menos resistentes, así que lo mejor es utilizar las de tus padres. Eso sí, con su permiso.

El rastrillo

Sirve para igualar el nivel de la tierra tirando de él hacia ti. Como con la horca, tus padres tendrán que acortar el mango si usas uno para adultos. Así te será más fácil manejarlo.

La horca

Es una herramienta con cuatro púas finas y curvadas. Puedes usarla igual que un rastrillo, introduciendo las púas en la tierra y tirando hacia ti con un movimiento seco. Así las púas desharán los terrones. Si tus padres te prestan una, pídeles que acorten el mango y las púas para que se adapte mejor a tu altura.

Es una especie de peine metálico con un mango muy largo.

La azada

Es una herramienta que consta de una hoja de hierro con dos lados distintos. Uno es plano y cuadrado, mientras que el otro es puntiagudo y con forma de hoja de árbol. Con el extremo cuadrado puedes arrancar las malas hierbas y sus raíces. Con el lado puntiagudo puedes trazar pequeñas zanjas en las que sembrar las semillas.

La pala

Sirve para hacer agujeros en los que plantar bulbos de flores, pero también las plantas que se venden en macetitas de plástico, llamadas *de vivero*.

Es una excavadora muy pequeñita.

El plantador

Es una herramienta puntiaguda que se introduce en la tierra para hacer agujeros estrechos pero profundos. En esos agujeros se plantan puerros y lechugas, que se venden sin terrón, con las raíces al aire.

¿Por qué tienen las raíces al aire?

Porque son verduras que se siembran en semilleros y se extraen con delicadeza en cuanto alcanzan los 10 o 15 cm de altura, y se quedan con las raíces al aire. Luego se vuelven a plantar una por una, alineadas en filas.
Los puerros y las lechugas crecen mejor después del trasplante.

La regadera

Pide a tus padres que te busquen un modelo pequeño, que te será más fácil de levantar.

MANGOS MIKADO

Pide a tus padres pintura para madera de distintos colores que sea resistente a la lluvia, una brocha y un delantal grande para protegerte la ropa. Puedes pintar los mangos de un solo color o con distintos diseños, como el juego de mikado.

1 Coloca las herramientas en vertical, inmovilizadas, bien clavándolas en la tierra o sujetándolas con una piedra.

2 Comprueba que no haya tierra en la madera. Si te hiciera falta, límpiala con una esponja vieja que te hayan prestado tus padres. Deja que se seque.

3 Pinta a continuación los mangos dándoles una capa homogénea de pintura. No pintes la parte metálica.

Necesito
- Pintura para madera.
- Un pincel.
- Una esponja.
- Un delantal grande.

FABRICO MI PROPIO BANCAL

Claro que puedes cuidar del jardín con tus padres, pero, si quieres practicar jardinería por tu cuenta, es mejor que dispongas de tu propio jardín, solo para ti. Te vamos a enseñar a hacerlo. Para fabricar tu propio bancal, pide ayuda a un adulto, ya que hay algunas operaciones complicadas.

1 Coloca las tablas de canto, extremo con extremo, para formar un cuadrado. Comprueba que todas las tablas estén a la misma altura.

Necesito
- 4 tablas de madera de encofrar, de 1 m de largo, 15 cm de ancho y 2 cm de grosor.
- 8 escuadras metálicas.
- Tornillos para madera.
- Un destornillador (si es eléctrico con batería, mejor).

¡Cómo pesa!

2 Coloca dos escuadras en cada esquina.

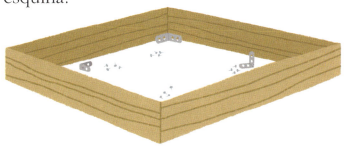

3 Fíjalas con los tornillos, con ayuda del destornillador. Puedes pedir ayuda si te está costando.
Cuando tengas montado el bancal, pide a un adulto que lo levante y lo traslade a su ubicación definitiva.

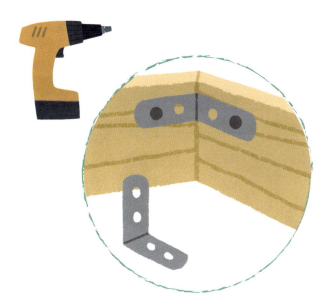

Cuidado con las astillas

Ponte guantes para manipular las tablas. Son de madera rústica, por lo que podrías clavarte astillas en las manos. No es grave, pero sí duele mucho.

Las plantas no sufren insolaciones.

¿Dónde instalo mi bancal?

Las plantas suelen necesitar mucho sol, así que evita colocar tu bancal debajo de un árbol. La mejor ubicación es en el huerto, cuya tierra no suele ser muy dura.

UN SOPORTE PARA LAS **PLANTAS TREPADORAS**

Fabrica un enrejado con tallos de bambú, que colocarás en uno de los lados de tu bancal. En él podrán crecer plantas trepadoras y verduras como las judías. Pide ayuda para hacerlo bien y que aguante en su sitio.

1 En dos de las esquinas, por fuera del bancal, clava en el suelo tallos de bambú de 1,20 m de largo. A lo mejor necesitas un martillo.

2 Entre los dos postes, clava un tallo de bambú cada 20 cm.

3 Une la parte superior de los postes mediante un tallo de bambú horizontal de 1,10 m de largo. Átalo con un cordel, haciendo en cada intersección un nudo plano, como el que te indicamos en este dibujo.

Necesito
- 6 tallos de bambú de 1,20 m de largo.
- 3 tallos de bambú de 1,10 m de largo.
- Un martillo y un cordel.

④ Ata otro tallo de bambú horizontal 20 cm por debajo del primero, seguido de un tercero otros 20 cm por debajo del segundo.

MI **NOMBRE** EN MI BANCAL

Identifica bien tu bancal, para que el perro o el gato no jueguen en él.

Con varillas de madera planas, forma las letras de tu nombre y píntalas del color que más te guste. Luego, fija las letras con clavos finos. Otra opción es pintar directamente tu nombre en las tablas.

¿QUÉ TIERRA USO PARA MI BANCAL?

La tierra del jardín de tus padres puede ser difícil de trabajar con tus herramientas. Mejor pídeles que te ayuden a crear tu propia mezcla, que podrás usar casi como si fuera arena.

¿QUÉ TIERRA ES LA **MÁS ADECUADA** PARA MI JARDÍN?

Una tierra que no sea muy dura, para que puedas manejarla con tus herramientas, pero también para que las raíces puedan atravesarla en busca de agua y alimento. Además, debe ser una tierra que tenga pequeños terrones e incluso piedrecillas.

Pero lo más importante es que en ella haya lombrices. Si es buena tierra para ellas, también lo es para el jardín.

¿Terrones?

Son pequeños bloques de tierra que forman bolas de superficie irregular y que combinan arcilla, arena y humus. Entre los terrones, las raíces tienen acceso a agua y a aire.

¿CÓMO PREPARAR LA **TIERRA APROPIADA**?

Vas a necesitar que un adulto te proporcione bolsas de compost y te las traiga al bancal. Pídele también que mulla la tierra del fondo del bancal con una horca.

2 Con la horca o la pala, mezcla bien la tierra mullida y el compost.

1 Abre las bolsas de compost por la parte superior y vierte el contenido en tu bancal, sobre la tierra ya mullida.

Es buena señal que haya lombrices.

Necesito
- 3 bolsas de compost de 40 litros.
- Una pala.
- Una horca.

No llenes el bancal hasta el borde de las tablas. Así evitarás que rebose cuando llueva o cuando riegues.

SIEMBRO ZANAHORIAS

Vas a sembrar semillas de zanahoria a voleo; es decir, dispersándolas por la tierra sin hacer surcos. Antes de nada, rastrilla el suelo para retirar las piedras y los terrones que sean más grandes que canicas y así obtener una superficie plana y una tierra bien fina.

¿Dónde? al sol
¿Cuándo? abril a julio
¿Riego? habitual

1 Consigue un paquete de semillas de zanahoria. Vierte unas cuantas (como una decena) en una pequeña sembradora manual.

No siembres todas las semillas del paquete o tendrás demasiadas zanahorias en el bancal y no tendrán espacio suficiente para crecer bien.

2 Agáchate y, sosteniendo la sembradora a unos 5 cm de la tierra, agítala con cuidado para que caigan las semillas por la boquilla.

③ Cubre las semillas con tierra fina, espolvoreándola con las manos. Basta con una pequeña capa de tierra, lo justo para tapar las semillas.

⑤ Por último, riega en lluvia fina con una regadera con cabezal.

El cabezal de la regadera, gracias a los agujeritos muy pequeños, permite regar la tierra en forma de agua fina.

④ Aplana con delicadeza la tierra para que las semillas queden bien enterradas.

Bien enterradas, pero sin pasarse, porque podrían asfixiarse y no germinar.

¿Y luego?

Riega un poquito todos los días. Las plántulas saldrán al exterior pasadas unas dos semanas. Podrás arrancar y comerte las zanahorias a los tres meses.

SIEMBRO JUDÍAS VERDES

La planta de las judías ocupa más espacio que la de las zanahorias, así que no vas a poder sembrar muchas en un bancal pequeño. Si quieres, puedes sembrarlas en dos bancales, en contacto o no. Las semillas de judía son lo bastante grandes como para cogerlas una a una con los dedos, así que vas a sembrarlas en hoyos; es decir, en pequeños agujeros.

¿Dónde? al sol

¿Cuándo? mayo a julio

¿Riego? habitual

Riega lo justo para que la tierra esté húmeda y no se endurezca, o las raíces no la podrán atravesar.

1 Haz dos o tres hoyos de anchos como de la palma de la mano y de profundos como las dos primeras falanges de tu dedo índice.

2 Coloca tres semillas en cada hoyo, en posición horizontal, dejando un hueco de unos 3 cm entre ellas.

¿Un hoyo?
Es un agujero pequeño en la tierra, en el que se depositan las semillas.

¡Vale!

Pío, pío.

3 Cúbrelas de tierra y presiona con delicadeza con la palma de la mano o incluso con el pie.

4 Por último, riega con una regadera con cabezal.

¿Y luego?
Riega un poquito todos los días. Las plántulas saldrán más o menos una semana después de la siembra. Recolectarás las primeras vainas dentro de unos dos meses.

Siempre semillas
Todas las plantas producen semillas. Algunas son muy pequeñas, como las de pensamiento, una planta que florece en primavera. Otras son más grandes, como las de judía, que están dentro de una vaina.

PLANTO FLORES O VERDURAS EN CEPELLONES

Para tener flores y verduras más rápido que sembrándolas, puedes plantar las que vienen con cepellón. Son como unas plantas bebé, cuyas semillas se han sembrado en macetitas con tierra.

Riega bien la tierra antes de plantar, y también hazlo justo después.

PLANTO ACELGAS

¿Dónde? mejor al sol
¿Cuándo? mayo a julio
¿Riego? habitual

1 Sin retirar la maceta, empieza sumergiendo el cepellón de la planta en un barreño o en una regadera con agua.

Sujeta el cepellón dentro del agua hasta que empiecen a subir burbujas a la superficie.

2 Luego, retira la maceta con cuidado para no romper el cepellón.

3 Haz un agujero un poco más grande que el cepellón con la pala e introduce con cuidado la planta en él. El agujero no debería ser más profundo que la altura del cepellón.

5 Riega ligeramente alrededor del cepellón, con una regadera sin cabezal.

4 Aplana la tierra de tu bancal alrededor del cepellón.

¿Y luego?

Solo tendrás que regar un poco cada dos días para que la tierra esté siempre húmeda.

¡Alucina!

El ciprés de los pantanos es una conífera que crece en tierras húmedas o inundadas; sus raíces pueden respirar porque desarrollan por encima de la tierra unas protuberancias llamadas *neumatóforos,* que se parecen a las estalagmitas de las cuevas. El mangle es un árbol que crece en el agua con grandes raíces, parecidas a los zancos, por las que respira. ¡Y hay algunas raíces de árboles con más de 50 m de profundidad!

El rincón del pequeño botánico

Las raíces son un órgano muy importante para las plantas. Para empezar, son las raíces las que permiten que la planta se mantenga erguida, agarrándose bien a la tierra. También son ellas las que extraen de la tierra agua cargada de alimento. Ya sabes por qué no deberías romper el cepellón de las plantas pequeñas: para no dañar las raíces jóvenes al plantarlas. También sabes cómo deberías regar.

¿Por qué no venden plantas de zanahoria o rábano?

Las verduras de raíz —que se cultivan por su raíz, que es lo que se come— no crecen en sustrato. Además, no les gusta que las molesten una vez que se las ha sembrado. Por eso no les haría mucha gracia que las trasplantases. No es posible encontrar plantas de zanahoria o de guisante en cepellones, ya que son verduras que crecen muy fácilmente a partir de semillas.

> Al regar, tienes que vaciar la regadera alrededor de la planta, para que el agua llegue a las raíces, en vez de limitarte a mojar la superficie de la tierra.

RAÍCES EN UN VASO

1 Llena un vaso transparente con un buen puñado de algodón hidrófilo.

3 Coloca sobre el algodón mojado dos semillas de judía, en horizontal.

> Sitúa el vaso dentro de casa, que le llegue luz, pero lejos de los radiadores y de la luz solar directa.

2 Mójalo ligeramente, vertiendo dos cucharadas soperas de agua.

4 Cuatro o cinco días después, verás salir las raíces de las semillas y podrás observar a través del vaso lo puntiagudas que son.

SACO ESQUEJES

SACO **ESQUEJES** DE MIS GERANIOS

Aunque la mayoría de veces basta con plantar una semilla para obtener una planta nueva, hay otras que se pueden reproducir a partir de un tallo, también llamado *esqueje*.

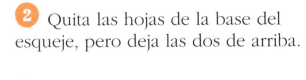

1 Pide a un adulto que corte tallos de unos 10 cm de largo a partir del extremo de las ramas verdes que hayan salido desde la última primavera.

2 Quita las hojas de la base del esqueje, pero deja las dos de arriba.

3 Planta directamente los esquejes en fila en el bancal, separándolos aproximadamente tres dedos. A continuación, riégalos un poco.

Introdúcelos en la tierra hasta casi las dos hojas que has conservado.

El mejor momento

En los meses de agosto y septiembre es más fácil que los esquejes de geranio echen raíz.

4 Cubre los esquejes con una botella de agua de plástico a la que tus padres le habrán cortado el fondo y que conserve el tapón. Si tienes muchos esquejes, puedes usar varias botellas.

Más adelante, riega lo necesario; solo vigila que la tierra no se seque.

Las plantas a las que les puedes sacar esquejes

Entre agosto y septiembre, los esquejes de clavel y los de algunas rosas echan raíces rápidamente. También puedes sacar esquejes de las dalias, de los primeros tallos que les salgan tras la plantación en primavera. La forsitia, el saúco, el ligustro y el celindo también son muy fáciles de esquejar, en noviembre o diciembre, a partir de ramas de 25 cm de largo, enterrados hasta tres cuartas partes de su longitud.
Si no conoces estas plantas, pregunta a tus padres si las tenéis.

Déjalos crecer

Si al cabo de varias semanas el esqueje no ha muerto, es buena señal. Si el esqueje ha echado raíces, producirá nuevas hojas o ramas. Pero debes tener paciencia.

¿Y luego?

No tires de un esqueje para ver si le han salido raíces. Puedes romperlas y echar a perder el esqueje.

UN **ESQUEJE** MUY CURIOSO

Si tus padres compran un día piña para el postre, pídeles que no tiren las hojas. Con ellas puedes intentar sacar un esqueje sorprendente.

1 Asegúrate de que tus padres hayan cortado bien la piña, con un centímetro de pulpa por debajo de las hojas.

2 Deja la parte cortada al aire libre en la cocina hasta el día siguiente, ya que puede pudrirse con la humedad.

3 Busca una maceta que sea algo más grande que el diámetro de la piña y llénala de sustrato. Luego, coloca sobre él el esqueje.

Va a ser una planta muy bonita, pero no va a dar fruto.

4 Riega bien alrededor del esqueje.

5 Cubre el esqueje con una bolsa de plástico transparente y sujétala a la maceta con una goma elástica.

¿Y luego?

Guarda la maceta del esqueje dentro de casa durante al menos tres meses sin tocarla y sin regar, para evitar que se pueda pudrir.

¡Lo has conseguido!

Al cabo de tres meses, aunque algunas de las hojas se hayan secado, aparecerán nuevas en el centro de la planta. O puede que salgan retoños alrededor del esqueje. Cualquiera de las dos situaciones será señal de que el esqueje ha echado raíces y de que ¡ya tienes una planta de piña!

RIEGO SIN DESPILFARRAR

En determinadas épocas del año, no llueve lo suficiente para las plantas del jardín, así que debes regar las plantas de tu bancal. Sin embargo, tienes que aprender a hacerlo sin despilfarrar agua.

TRUCOS PARA **REGAR** MI BANCAL

Puede que no tengas tiempo para regar todos los días o que se te olvide. Para asegurarte de que no se te mueran de sed las plantas, aquí tienes algunos trucos sencillos que puedes implantar.

La botella del revés

Coge botellas de agua de plástico vacías, con tapón incluido.

1 Con un martillo pequeño y un clavo, haz un agujero en los tapones y enróscalos en sus respectivas botellas.

2 Pide a tus padres que te corten el fondo de las botellas.

4 Con la regadera, vierte con cuidado agua en las botellas, hasta aproximadamente tres cuartos de su capacidad.

Ya tienes listo el mecanismo.

3 Clava las botellas en la tierra del bancal, con el tapón hacia abajo, hasta que hayas introducido todo el cuello.

¿Y luego?
El agua irá regando lentamente la tierra, gracias al agujerito en el tapón. Con este truco, no hará falta que riegues durante varios días.

La maceta enterrada

Hazte con varias macetas de arcilla de entre 10 y 15 cm de diámetro.

1 Comprueba que las macetas tengan un agujero en el fondo, y coloca sobre él una piedra plana.

3 Llénalas de agua con la regadera.

2 Entierra las macetas en el bancal, hasta la marca de la parte superior.

Calcula una botella o una maceta para cada dos plantas. Así, si tienes dos tomateras, introduce la botella o la maceta entre las dos.

¿Y luego?

El agua irá saliendo despacio por el agujero del fondo, colándose por debajo de la piedra.

Recupera el agua cuando vayas al baño

En el cuarto de baño usas agua para lavarte las manos, los dientes, etc., y es una pena que se vaya por el desagüe. Podrías usarla para regar tu bancal. Aunque contenga un poco de jabón o de dentífrico, las plantas pueden beberla.

• Cuando uses el lavabo, pon el tapón y, con un fondo de botella que hayas cortado, recoge el agua y llena un cubo o una regadera.

• También puedes colocar un pequeño barreño en el lavabo para recoger directamente el agua que uses. Así es más fácil, porque solo tendrás que llevar el barreño al jardín y regar.

El momento adecuado para regar

Cuando hace mucho sol, el agua se evapora por el calor, como pasa con una cacerola al fuego, pero en el jardín no se ve tan claramente. Si regamos cuando hace mucho calor, estaremos desperdiciando agua. Así que, en verano, cuando riegues a mano con la regadera o cuando llenes el depósito de las macetas o las botellas, mejor hazlo por la noche, antes de cenar.

ALIMENTO A MIS PLANTAS

¿QUÉ ALIMENTO LES DOY A **LAS PLANTAS**?

Por lo general, la tierra contiene todo lo necesario para que las plantas se alimenten. Pero en un jardín, sobre todo en un bancal pequeño, si se cultivan muchas plantas, la tierra puede quedarse sin reserva de nutrientes. Así que vas a tener que hacer la compra y echarle fertilizante.

1 Riega bien toda la superficie del bancal el día antes de echar fertilizante.

2 Reparte el fertilizante por toda la superficie, lo más uniforme posible, respetando cuidadosamente la dosis que indique el paquete.

3 Con la horca, mezcla bien el fertilizante por toda la tierra.

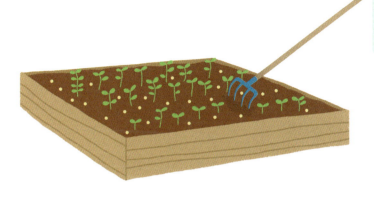

¡No todos los días!

Ojo, no puedes fertilizar las plantas todos los días, ni cada dos o tres días como quien le da de comer a un pececillo. Solo hay que fertilizar una vez al año.

¿Dónde está la bolita?

En las tiendas, verás un montón de paquetes y bolsas de fertilizante. Pide a tus padres que busquen un fertilizante completo «de liberación lenta». Se presenta en forma de bolitas de colores, muy visibles en la tierra, lo que permite no pasarse de cantidad. Las bolitas se funden muy lentamente en la tierra, para aportar nutrientes a las raíces de las plantas a medida que los vayan necesitando.

Se alimentan a través de las raíces

Efectivamente, son las raíces las que absorben el agua de la tierra. El agua contiene diminutos elementos que no vemos a simple vista, pero que son indispensables para que las plantas puedan crecer.

MEJILLONES Y OSTRAS EN EL MENÚ

Cuando tus padres preparen ostras o mejillones para comer, pídeles que te den las conchas vacías y frías. Como proceden del mar, contienen montones de sales minerales, sobre todo calcio, sodio y boro, que las plantas necesitan en pequeñas cantidades. Así que son un buen fertilizante.

1 Lava bien las conchas en agua para quitarles los restos de molusco, o de vinagreta, limón, ajo...

2 Extiéndelas fuera de casa, en el suelo, en una superficie dura que sea difícil de dañar.

3 Machácalas con un martillo o una piedra hasta hacerlas pedacitos muy pequeños.

4 Cuando estén hechas trizas, espolvoréalas por toda la tierra de tu bancal.

Pío, pío

El rincón del pequeño botánico

Las plantas llevan una alimentación muy variada, que comporta, la mayor parte del tiempo, tres elementos en más o menos grandes cantidades: el nitrógeno (que sirve para que las plantas crezcan y estén de color verde), el potasio y el fosfato (que sirven para formar raíces, flore y frutos). Pero pueden alimentarse de muchos otros elementos en cantidades menores, según las necesidades del momento: calcio, magnesio, hierro, etc. Al igual que los humanos nos hacemos análisis de sangre, también podemos hacer análisis de tierra para saber exactamente lo que contiene.

5 Mézclalas con la tierra usando la horca.

PREPARO MI PROPIO COMPOST

El compost consiste en un montón de restos vegetales y minerales que las lombrices y demás animales pequeños comen, hacen pedacitos y descomponen lentamente para transformarlos en una especie de sustrato.

Lo ideal sería construir otro bancal, como el que ya tienes para cultivar las verduras, que solo sirva para hacer compost. Montarás las tablas, pero esta vez no lo rellenarás de tierra.

2 Ve añadiendo al bancal restos vegetales a medida que los vayas encontrando.

1 Empieza regando la tierra del fondo del bancal

> Mondas de frutas y verduras, cáscaras de nueces y avellanas, hojas muertas, algo de césped cortado y ramitas rotas en trozos pequeños son la base del compost.

3 Mezcla los restos una vez al mes, regando cuando sea necesario para que esté siempre un poco húmedo.

4 Cuando el bancal esté lleno, ya no añadas más restos, pero sigue mezclando y supervisando que esté siempre húmedo.

No es un montón de basura

No debes añadir al compost restos de comida, trozos de carne ni arena de animales domésticos, que harán que huela mal el compost y que atraiga a las ratas.

¡Huele a bosque!

Cuando el compost esté listo para usar, ya no se distinguirán los restos de madera, hojas o mondas. Será una materia de color negro, ligeramente húmeda, que olerá igual que huele el bosque.

¿Y luego?

Al cabo de unos meses, podrás usar el compost y mezclarlo con la tierra de tu bancal de huerto. Así la tierra será más fértil y las verduras crecerán mejor.

PERO ¿QUIÉN HA VENIDO A VISITARME?

En los jardines y también en los bancales, además de las plantas que hayas sembrado o plantado, hay muchas otras cosas que aparecen solas: hierbas, animales e incluso tu gato o perro.

Crece hierba entre mis plantas

Los adultos las llaman *malas hierbas* porque crecen entre sus plantas. Si de verdad molestan, solo hay que arrancarlas con la mano, o con guantes si se tratase de hierbas que pican, como las ortigas.

> ¿Malas? Tampoco son tan mala gente.

Los animales se lo comen todo

Los pulgones

Estos animalitos diminutos pueden estropearte las plantas. Son pequeños, pero muy visibles; además, se pegan los unos a los otros en el extremo de los tallos de las plantas. Para eliminarlos, solo tienes que romper el extremo del tallo en el que estén amontonados y pisotearlos.

> Los pulgones no se comen las hojas, sino que las pican y se beben la savia.

Las orugas

Entre los animales a los que hay que temer en un jardín, aunque sea un poquito, se encuentran las orugas, es decir, las larvas de mariposa. Las orugas se pasan el día comiéndose las hojas de numerosas plantas del jardín.

Si ves varias a la vez en tu bancal, recógelas con la mano, métalas en una caja y suéltalas en la naturaleza.

Las mariquitas no son solo unos insectos monísimos, sino que también son amigas de los jardineros, ya que sus larvas se comen muchos pulgones.

Las babosas

El enemigo número uno de los jardineros son las babosas. Las hay desde las más pequeñitas, que casi no se ven, hasta otras tan grandes como un pulgar, pero no se suelen ver mucho porque salen por la noche, cuando estamos dormidos. Se comen un montón de plantas y son capaces de destruirlas en una sola noche.

Si un día te encuentras restos de baba en el bancal, coloca un plato viejo sobre la tierra y llénalo de cerveza. Es una bebida que les encanta, y acudirán a beber.

Soy una cría de mariquita.

FABRICO UN ESPANTAPÁJAROS

Un espantapájaros es una especie de marioneta inmóvil que se parece al ser humano, fabricada con lo que uno encuentre. Si lo clavas en el centro del jardín, se supone que asusta a los pájaros y evita que acudan a picotear las semillas que acabas de sembrar.

1 Busca dos varas de madera, una que sea tres veces más larga que la otra.

2 Forma una cruz con las dos varas, colocando la más pequeña en perpendicular a la más grande, y átalas con cordel mediante un nudo plano (tal como se indica en la página 128).

3 Clava la cruz en un rincón del bancal, de modo que no te moleste cuando te ocupes de las plantas.

4 Pide a tus padres una camisa o un jersey viejos que ya no te pongas, si es posible de un color vivo, como el rojo.

5 Viste al espantapájaros.

6 Con una pelota vieja deshinchada puedes hacer la cabeza clavándola en lo más alto de la cruz. Añádele un sombrero o una gorra.

> Para que sea más eficaz, cámbialo de sitio cada dos o tres días.

ADIVINA LA RESPUESTA

¿Qué flor se recomienda plantar justo al lado de los tomates?

El tagete, porque tiene un olor muy fuerte que espanta a los lombrices que se alimentan de las raíces de la tomatera. Así los tomates pueden estar tranquilos.

¿Hay que sembrar las semillas en una dirección determinada?

No. Sea cual sea la dirección en la que se haya sembrado, de la semilla saldrá una raíz que se dirigirá hacia abajo y un tallo que subirá para salir de la tierra.

¿Qué es el tomate?

- ¿Una fruta?
- ¿Una verdura?

Las dos cosas. Solemos considerar el tomate una verdura, pero, desde el punto de vista botánico, es el fruto de la planta llamada «tomatera».

¿QUÉ SIGNIFICAN LAS TRES LETRAS (N, P, K) DE LOS ENVASES DE FERTILIZANTE?

- Es la abreviatura de «no se puede konsumir».
- Son los símbolos del nitrógeno, el fósforo y el potasio, los tres elementos principales de que se alimentan las plantas.

Son los símbolos del nitrógeno, el fósforo y el potasio.

¿Para qué se usan las mariquitas en los jardines?

Sus larvas se alimentan de pulgones. Cuantas más mariquitas haya, menos tratamientos habrá que usar.

¿De qué planta procede el polvo picapica que los niños bromistas les meten a sus compañeros por debajo de la camiseta?

– Del cardo.
– Del rosal silvestre.

Procede del rosal silvestre. Si se abre uno de sus frutos de color rojo, se puede encontrar el famoso polvo que provoca picazón.

¿Qué flor tiene una variedad llamada «iceberg»?

– La rosa.
– La flor de las nieves.
– La campanilla de invierno.

Hay una variedad de rosa llamada «iceberg», que, obviamente, tiene las flores blancas.
La flor de las nieves es una planta alpina de inflorescencias blancas y vaporosas.
La campanilla de invierno es una planta bulbosa que da flores péndulas blancas a principios de primavera.

¿La piel de qué fruta se puede usar como fertilizante?

La piel de plátano. Contiene mucho potasio, un elemento muy útil para las plantas en el momento de la floración.

¿QUÉ ES UNA PLANTA REMONTANTE?

– Una planta que trepa por las paredes por sí sola.
– Una planta que florece o da fruto dos veces al año.

Es una planta que florece o da fruto dos veces al año, primero en junio y luego entre agosto y septiembre.

¿Qué significa «rociar las plantas»?

– Regarlas en lluvia fina.
– Sumergir el cepellón en agua antes de plantarlas.

«Rociar» es regar en lluvia fina.

Título original: *80 Activités Nature*
© Éditions Rustica, París, Francia, 2020

Textos: Guilhem Lesaffre (págs. 8-43), Bénédicte Boudassou (págs. 44-81), Philippe Asseray (págs. 84-159)
Ilustraciones: Isabelle Nicolle (págs. 8-43), Charlène Tong (págs. 44-159)

1.ª edición: febrero 2022

© De la traducción: Sara Bueno Carrero, 2022
© De esta edición: Grupo Anaya S. A., 2022
Juan Ignacio Luca de Tena, 15. 28027 Madrid
www.anayainfantilyjuvenil.com

ISBN: 978-84-698-9078-3
Depósito legal: M-174-2022

PAPEL DE FIBRA CERTIFICADO

Impreso en España - Printed in Spain

Reservados todos los derechos. El contenido de esta obra está protegido por la Ley, que establece penas de prisión y/o multas, además de las correspondientes indemnizaciones por daños y perjuicios, para quienes reprodujeren, plagiaren, distribuyeren o comunicaren públicamente, en todo o en parte, una obra literaria, artística o científica, o su transformación, interpretación o ejecución artística fijada en cualquier tipo de soporte o comunicada a través de cualquier medio, sin la preceptiva autorización.